KB253949

서울 선언

* 이 번역본은
2025년도 서울신학대학교 교내연구비 지원에 의한 연구입니다.

서울 선언: 2024년 제4차 로잔 대회 공식 문서

편찬 | 한국로잔
번역 | 최형근
초판 발행 | 2025. 12. 29
등록번호 | 제1988-000080호
등록된 곳 | 서울특별시 용산구 서빙고로65길 38 두란노빌딩
발행처 | 사단법인 두란노서원
영업부 | 2078-3333   FAX | 080-749-3705
출판부 | 2078-3331

책 값은 뒤표지에 있습니다.
ISBN 978-89-531-5237-3   03230

독자의 의견을 기다립니다.
tpress@duranno.com   www.duranno.com

두란노서원은 바울 사도가 3차 전도여행 때 에베소에서 성령 받은 제자들을 따로 세워 하나님의 말씀으로 양육하던 장소입니다. 사도행전 19장 8-20절의 정신에 따라 첫째 목회자를 돕는 사역과 평신도를 훈련시키는 사역, 둘째 세계선교(TIM)와 문서선교(단행본·잡지) 사역, 셋째 예수문화 및 경배와 찬양 사역, 그리고 가정·상담 사역 등을 감당하고 있습니다. 1980년 12월 22일에 창립된 두란노서원은 주님 오실 때까지 이 사역들을 계속할 것입니다.

서울 선언

SEOUL STATEMENT

두란노

contents

| 목차 |

제4차 로잔 대회를 한국 교회가 개최해 달라는 요청을 처음 받았을 때, 나는 당시 한국로잔위원회 의장으로서 다른 나라에서 개최하는 것이 좋겠다고 정중히 사양했었다. '한국 교회가 과연 하나 된 모습으로 이 무거운 책임을 감당할 수 있을까'라는 우려가 먼저 밀려왔기 때문이다. 그러나 하나님의 부르심은 그러한 우려를 넘어 파도처럼 밀려왔고, 순종할 수밖에 없는 상황 속에서 제4차 로잔 대회 준비는 시작되었다.

마이클 오(Michael Oh) 대표와 함께 공동 조직위원장을 맡은 이후에는 아시아 지도자들의 참여가 확대되기를 기대하며 이를 적극적으로 독려하였다. 그 결과 프로그램 위원장으로 패트릭 펑(Patrick Fung) 박사를 비롯한 여러 아시아 위원들이 적극적으로 참여하게 되었고, 대회는 한국 교회를 넘어 아시아 교회들이 함께 섬기는 자리로 준비될 수 있었다. 또한 한국준비위원장으로는 유기성 목사님(선한목자교회 원로목사)이 중심이 되어 섬겨 주시기를 요청드렸고, 총무로는 문대원 목사님(대구동신교회 담임목사), 실행총무로는 김홍주 목사님(온누리교회 선교 담당)이 앞장서 대회를 섬겨 주셨다.

한국준비위원회의 가장 중요한 목표는 이 대회가 단지 하나의 이벤트로 끝나지 않고, 한국 교회가 새롭게 갱신되는 계기가 되도록 하는 것이었으며, 중보기도를 통해 선교적 영향력이 나타나는 대회로 준비하는 것이었다. 한국준비위원회는 이러한 목표들이 실제로 이루어지도록 돕는 귀한 통로가 되었다. 지금까지 세 차례의 로잔 대회에서는 찾아볼 수 없던 중보기도 집회가 대회 기간 내내 동시에 이루어졌고, 참가자들을 위한 중보기도가 끊임없이 이어졌다. 많은 봉사와 후원이 중보기도 가운데 연결되었으며, 우리가 감당하기 어렵다고 여겼던 무거운 짐들이 도리어 디딤돌이 되어 더 크신 하나님의 역사를 경험하는 계기가 되었다.

준비 과정부터 대회가 마무리되기까지, 그 자리는 단순한 국제 행사가 아니라 하나님이 한국 교회에 맡기신 하나의 사명임을 여러 차례 실감했다. 세계 곳곳에서 모인 형제자매들이 한국 교회의 헌신과 연합을 통해 위로와 도전을 함께 경험하는 모습을 보며, 우리는 여전히 하나님 나라의 큰 이야기 안에 부름받은 공동체임을 다시 확인할 수 있었다. 이 모든 과정을 통해 하나님이 한국 교회를 통해 일하고 계심을 분명히 체험하였다.

로잔 운동의 영향력과 지속성은 로잔 문서들을 통해 이어져 왔다. 지금까지 세 차례의 세계 대회를 통해 발표된 공식 선언 문서들은 로잔 운동의 선교 신학을 형성해 왔으며, 각 시대의 변화를 이끌어 왔다. 이 문서들에는 그 시대가 직면한 선교적 과제와 도전, 그리고 그에 대한 교회의 응답이 담겨 있다. 세계 선교 지형이 급격히 변화하고 있는 이 시점에서 한국에서 열린 제4차 로잔 대회 역시 이러한 시대적 변화로 인한 도전과 대응을 담지 않을 수 없었다. 이러한 문서들은 어느 하나만을 따로 떼어 읽기보다, 서로 다른 시대의 선언들이 어떻게 서로를 보완하는지를 종합적으로 살펴볼 때, 그 의미가 더욱 분명해진다. 따라서 *서울 선언*과 더불어 앞서 발표된 세 차례의 공식 선언 문서들을 함께 살펴보는 것이 중요하다.

이 책은 제1차 로잔 대회에서 발표된 *로잔 언약*부터 *마닐라 선언*, *케이프타운 서약*, 그리고 이번 제4차 로잔 대회의 *서울 선언*에 이르기까지 로잔 운동의 모든 주요 선언을 한 권에 담고 있다. 이는 세계 교회가 각 시대의 도전 앞에서 복음의 본질을 어떻게 붙들어 왔으며, 복음을 증거하기 위해 어떻게 응답해 왔는지를 한눈에 보여 주는 소중한 선교사적 기록이라 할 수 있다. 특별히 *서울 선언*은 이전 선언들을 충실히 계승하면서도, 오늘 우리가 직면한 인간 이해의 혼란과 교회의 정체성 위기, 평화와 갈등, 그리고 새로운 기술 문명이라는 낯선 현실 앞에서 교회가 가져야 할 신앙적 분별을 분명하게 제시한다.

이 책이 단지 읽고 동의하는 문서에 머무르지 않고, 한국 교회와 다음 세대가 함께 읽고 토론하며 삶으로 살아 내는 고백이 되기를 소망한다. 제4차 로잔 대회를 통해 하나님이 우리에게 맡기신 이 귀한 신앙의 유산이 한국 교회는 물론 세계 교회를 섬기는 도구로 오래도록 사용되기를 기도한다.

이재훈 | 한국로잔위원회 의장

| 추 천 사 |

한국 교회가 제4차 로잔 대회를 개최한 것을 진심으로 축하한다! 202개국에서 온 5,394명의 지도자 중 대다수가 한국을 떠나며 얼굴에 환한 미소를 띠고 깊은 감사를 표했다. 그들은 한국 교회의 겸손한 모습을 보았고, 한국 교회 지도자들과 자원봉사자들이 우정과 동반자 협력을 통해 "로잔 정신"(spirit of Lausanne)을 보여 주는 것을 경험했다. 참가자들은 하나 된 한국 교회의 모습을 분명히 보았다.

로잔 대회를 준비하는 과정에서, 규모를 막론하고 수많은 교회가 중보기도와 사도행전 설교 및 공동체 성경 읽기, 자원봉사, 그리고 재정적 지원에 동참했다. 이러한 일치된 공동의 사역을 통해 하나님이 모든 영광을 받으셨다. 참가자들은 한국 교회 안에서 희망을 보았다. 갱신과 부흥의 기초는 하나님의 영과 진리의 말씀이다. 한국 교회의 강점과 약점을 모두 담아 나눈 이야기("한국 교회의 열두 돌") 가운데 하나님의 영이 분명히 역사하셨다. 또한 회개의 기도와 함께 한국 교회에 희망찬 날들이 도래할 것이라는 믿음을 보여 주었다! 그리고 *서울 선언*이 세계 교회를 위한 선물로 공유되면서 하나님의 진리가 분명히 확증되었다.

대회 개막식 밤에 내가 나누었듯이, "역사를 바꾸는 사건은 드물지만, 몇몇 사건은 역사를 바꾼다." 나는 하나님이 역사를 바꾸는 데 제4차 로잔 대회를 사용하실 것이며, 이미 사용하고 계신다고 확신한다. 그리고 이미 우리는 전 세계적으로 그 영향력이 나타나고 있음을 목격하고 있다. 마찬가지로 역사를 바꾸는 문서도 드물지만, 분명 역사를 바꾼 문서들이 있다. 로잔 언약은 그러한 몇 안 되는, 역사를 바꾼 문서 중 하나였다. 그리고 서울 선언 역시 하나님이 강력히 사용하실 것이라고 확신한다.

세계 교회는 우리 시대의 중대한 도전들을 다루는 글로벌 문서를 갈망해 왔다. 서울 선언은 로잔 언약, 마닐라 선언, 케이프타운 서약을 대체하기 위해 작성된 것이 아니라, 그 신학 문서들에 기초하여 작성되었다. 서울 선언은 시급한 이슈와 위험, 그리고 기회를 다루며, 교회 안팎에서 벌어지는 믿음의 싸움을 위해 세계 교회를 진리의 도구로 무장시킨다. 진리는 항상 승리한다. 그렇기에 서울 선언은 성경적 진리의 깃발로서, 우리가 2050년을 향해 세상을 변화시키는 싸움을 벌이는 가운데 성경적 삶에서 후퇴하지 않고 전진하도록 도울 것이다.

로잔 운동은 서울 선언의 한국어 번역과 출판을 통해 한국 교회를 섬긴 것을 축하한다. 우리는 서울 선언이 현재와 미래 세대를 고무하는 진정한 선물이 될 것이라 믿는다. 모든 영광을 하나님께!

마이클 오 (Michael Oh) | 국제로잔위원회 의장

2024년 9월, 로잔 운동은 대한민국 인천에서 열린 제4차 로잔 대회에서 *서울 선언*(Seoul Statement)을 발표했다. *마닐라 선언*(Manila Manifesto) 및 *케이프타운 서약*(Cape Town Commitment)에 이어 발표된 *서울 선언* 역시 제1차 로잔 대회 문서인 *로잔 언약*(Lausanne Covenant)에 기초하고 있다. 티모시 테넌트(Timothy Tennent)는 제1차 로잔 대회 이후 제2차와 제3차 대회에서 발표된 신학 문서들이 어떻게 *로잔 언약*과 연결되는지를 다음과 같이 설명한다.

> 1989년 *마닐라 선언*과 2010년 *케이프타운 서약*은 모두 *로잔 언약*을 대체하거나 로잔 운동의 역사적인 신학적 정체성에 중대한 변화를 초래하기 위해 고안된 것이 아님을 이해하는 것이 중요하다. 오히려 *로잔 언약*에 기반하여 작성된 것으로서, 교회가 직면한 새로운 도전들, 또는 *로잔 언약*에 대한 추가적인 성찰에 비추어 더 깊은 명확성이 요구되는 신학적 주제들을 부각하는 데 목적이 있다.[1]

제1차 로잔 대회(1974)는 교회의 성경적 권위에 대한 헌신이나

---

1 Timothy Tennent, "Lausanne and Global Evangelicalism: Theological Distinctives and Missiological Impact" in Margunn Serigstad Dahle, Lars Dahle and Knud Jørgensen eds, *The Lausanne Movement: A Range of Perspectives* (Oxford: Regnum, 2014), 53.

복음 전파의 목적을 타협하지 않으면서, 복음주의적 연합을 촉진함으로써 세계 선교를 가속화하려는 열망 속에서 추진되었다. 로잔 운동은 전 세계적인 선교 협력을 촉진함으로써 이러한 목표들을 탁월하게 성취해 왔다. 그 결과, 불과 50년 만에 미전도 종족(unreached people groups, UPGs) 수는 17,000개에서 7,000개로 감소했다. 같은 기간 동안 6억 명 이상의 새로운 신자들이 교회에 합류했으며, 그 대다수는 남반구(global south) 출신 1세대 그리스도인들이었다.

이러한 세계 기독교의 전례 없는 극적인 변화는 내·외부의 도전 없이 이루어진 것이 아니었다. 이전에 미전도 지역에서 신자 수가 급증하면서 제자 훈련의 위기가 발생했다. 이는 주로 제자 훈련 분야에 능숙하고 경험이 풍부하며, 성경적·신학적으로 유능한 목회자와 지도자가 부족했기 때문이었다.

이는 기독교 초기와 마찬가지로, 수많은 새로운 그리스도인들이 그들의 신뢰와 지식의 부족을 악용하려는 거짓 교사들의 표적이 되었음을 의미한다. 지난 몇 년간 자신을 '사도', '예언자', '하나님의 사람'이라 칭하는 자들의 주장과 요구는 점점 더 기괴해졌다. 그 결과 일부 지역에서는 주 예수 그리스도의 영광스러운 복음에 큰 불명예를 가져오는 비정상적인 형태의 기독교가 출현했다.

또한 교회는 외부로부터 새로운 도전에 직면해 왔다. 세속화는 기독교 신앙을 약화시키고, 주로 그리스도인이 다수인 나라들에서 교회의 급격한 쇠퇴를 초래했다. 세계화는 특히 밀레니얼 세대와 젊은 세대를 중심으로 지배적인 세계관과 윤리에 깊은 영향을 미쳤다. 그 결과 개인의 행복이 최고의 선이라는 신념을 지닌 실용주의 지지자들이 증가하고 있다. 이러한 현상은, 특히 인간의 정체성과 책임에 대한 정의와 관련하여, 인간에 대한 우리의 관점에 영향을 미쳤다. 인권, 젠더(gender), 섹슈얼리티(sexuality) 이슈는 교회 외부와 내부 모두에서 가장 두드러지게 부각되었으며, 치열하고 장기적인 논쟁을 불러일으켰다. 많은 경우 이러한 논쟁들은 가족, 사회, 지역 교회, 그리고 심지어 교단의 심각한 분열을 초래했다.

또한 우리는 지역적·세계적 무력 충돌이 증가하는 현실에 직면해 있다. 많은 경우 이러한 현실 앞에서 세계 교회는 안일한 태도를 보였으며, 그리스도의 평화의 중재자(peacemaker)로 부르신 소명에 따라 말하고 행동하는 데 실패했다. 그 한 사례로 한반도의 '잊힌 전쟁'(forgotten war)이 있다. 또 다른 사례로서, 일부 교회는 가자 지구에서 벌어지는 이스라엘-팔레스타인 분쟁과 같이 비무장 민간인에 대한 전쟁 행위에까지 신학적 정당성을 부여한 부끄러운 현실을 들 수 있다.

교회가 직면한 또 다른 새로운 도전은 기술의 급속한 발전이다. 생명공학, 디지털 기술, 인공지능은 세상을 근본적으로 재편하고 있다. 이런 기술들은 익숙한 질서를 변화시키고 인간 존재에 새로운 차원의 위험을 초래할 위협이 되기도 하지만, 동시에 인간의 삶의 질을 향상하고 번영을 증진시키며 세계 선교를 가속화할 새로운 기회도 제공한다. 디지털 세대는 아마도 역사상 가장 중요한 '타 문화권 선교'(cross-cultural missions)의 전선이 될 것이다.

제4차 로잔 대회 초기 기획 단계에서, 느헤미야가 이스라엘의 성벽을 재건한 구약성경의 기록은 대회의 주요 목적 중 하나를 묘사하는 적절한 비유로 채택되었다. 이는 로잔 대회에 *참가하는 모든 나라의 대표들이 "함께 그리스도를 선포하고 나타내는"(declare and display Christ together) 교회의 노력을 심각하게 저해하는 선교학적, 신학적 '격차'(gaps)를 확인하고 다루는 것이었다.* 앞서 제시한 도전들은 해결해야 할 여러 '격차'를 드러냈으며, 로잔신학위원회(TWG)는 이를 *서울 선언*을 통해 다루고자 했다.

2050년을 전망하며, *서울 선언*은 세계 복음주의가 직면한 7가지 중대한 '격차' 또는 필요를 다루는데 그 범위를 다음과 같이 한정한다. 1) 우리가 살아 내고 전하는 성경적 이야기로서 복음을 포용할 필요성, 2) 신뢰할 수 있는 복음주의적 성경 해석학의 필요성, 3) 그리스도인의 삶의 중심인 지역 교회의 중요성, 4) 소홀히 간주된 인간 존재에 관한 기독교 교리와 그것이 교회와 사회에 미치는 함의, 5) 거룩함과 선교로의 부르심으로 재정의되는 기독교적 제자도, 6) 전쟁으로 깨어지고 취약해진 세상에서 평화를 위한 그리스도인의 책임, 7) 새로운 기술이 제공하는 선교의 위험성과 광대한 기회를 평가하기 위한 '기독교적 사고방식'(Christian mind)을 개발할 필요성이다.

로잔신학위원회는 거의 3년 동안 서문과 결론을 포함하여 97개 항으로 구성된 최종 초안을 준비했다. 처음으로 남반구(global South) 출신 공동 의장인 빅터 나카(짐바브웨)와 아이보 푸발란(스리랑카)이 위원회를 이끌었으며, 20개국을 대표하는 33명의 신학자들과 함께 월간 줌 회의와 세 차례의 대면 회의를 통해 *서울 선언*의 초안을 작성했다. 이 초안은 로잔 운동의 시니어 지도자인 크리스토퍼 라이트(Christopher J. H. Wright)와 아지스 퍼난도(Ajith Fernando), 그리고 마이클 오(Michael Oh)와 데이비드 베넷(David Bennett)의 비판적 검토를 거쳤고, 로잔 청년 지도자들(Lausanne Younger Leaders)은 각 장에 대한 피드백을 제공했다.

우리는 *서울 선언*이 공동의 선교 안에서 성찰과 대화, 그리고 협업을 고취하고 촉진하므로 "온 교회가 온전한 복음을 온 세상에 전할 수 있기를" 희망한다! 또한 우리는 *로잔 언약, 마닐라 선언*, 그리고 *케이프타운 서약*을 포함한 *서울 선언*의 번역 출간을 위해 수고한 한국로잔위원회(Korean Lausanne committee)의 노고를 높이 평가하며 축하한다. 이를 통해 한국 교회는 성경적 신앙에 뿌리를 두고 우리 시대의 새로운 도전들에 응답하는 깊은 헌신을 보여 주고 있다.

아이보 푸발란 (Ivor Poobalan), 빅터 나카 (Victor Nakah)

| 로잔신학위원회 공동 위원장

| 서문 |

대한민국 인천에서 열린 제4차 로잔 대회는 세계 선교에 헌신한 놀라운 선교운동의 50주년을 기념하는 행사이다. 1974년 제1차 로잔 대회에는 150여 개국에서 2,700명의 교회 지도자들이 함께 모여 온 교회가 온전한 복음을 온 세상에 전해야 한다는 공동의 신념을 확인했다.

제1차 로잔 대회 이후 전 세계 교회는 역사상 그 어느 때보다 협력하여 세계 복음화를 가속화하기 위해 더 많은 노력을 기울였고, 그 결과 이전에 복음이 전해지지 않은 지역의 수백만 명이 복음을 받아들이고 그 변혁의 능력을 경험하면서 전례 없는 교회 성장을 이루었다.

우리는 죄 가운데 잃어버린 사람들에게 구원을 가져오기 위해 예수 그리스도의 좋은 소식을 선포하는 위대한 사도적 우선순위에 대한 교회의 헌신을 통해 하나님이 행하신 일을 기뻐한다. 그럼에도 불구하고 여전히 수십억 명의 사람들이 그리스도 안에서 하나님의 사랑과 은혜의 메시지를 접하지 못하고 있기 때문에 세계 복음화는 여전히 시급한 과제이다. 더욱이 세계 곳곳의 교회는 이러한 성장에도 불구하고 수백만 명의 1세대 그리스도인들의 신앙과 제자도를 효과적으로 양육하는 데 어려움을 겪고 있다.

주 예수께서 사도들에게 주신 대위임령(마 28:18-20)에서 "모든 민족을 제자로 삼아"라는 교회에 주어진 명령에는 "아버지와 아들과 성령의 이름으로 세례를 베풀고"라는 *복음전도적 과업*(evangelistic task)과 "내[그리스도]가 분부한 모든 것을 가르쳐 지키게"하라는 *목회적 과업*(pastoral task)이라는 동등하게 중요한 우선순위가 포함되어 있음을 예수님은 명시하셨다.

이 두 가지 우선순위는 사도행전과 서신서에 나오는 사도 바울의 선교 전략에 분명하게 드러난다. 그는 잃어버린 사람들에게 구원의 메시지를 전하는 일에 열정적이었으며, 신자들의 믿음을 상화하여 그들이 복음에 합당한 삶을 살 수 있도록 하고 복음의 진리를 훼손하려는 거짓 가르침에 맞설 수 있도록 하는 일에도 열정적이었다. 사도 바울은 이렇게 요약한다.

"우리가 그를 *전파하여* 각 사람을 *권하고* 모든 지혜로 각 사람을 *가르침*은 각 사람을 그리스도 안에서 완전한 자로 세우려 함이니"(골 1:28).

세계 교회가 복음 전도의 열매를 맺은 지난 50년 동안, 우리는 새로운 신자들이 진정한 성경적 세계관을 개발하는 데 필요한 적절한 가르침을 제공하지 못했음을 유감스럽게 생각한다. 교회는 종종 새신자들이 가정, 학교, 교회, 이웃, 그리고 일터에서 급진적 제자도에 대한 그리스도의 부르심에 순종하도록 양육하는 데 실패했다. 또한 그리스도인들의 신실한 신앙을 약화시키고, 주 예수님의 교회의 연합과 교제를 파괴할 위험이 있는 사회적 가치와 복음의 왜곡에 대응할 수 있도록 지도자를 준비시키는 데 어려움을 겪었다. 그 결과, 우리는 수많은 신자를 복음의 본질적인 가치로부터 멀어지게 하는 거짓 가르침과 사이비 기독교적 삶의 방식의 부상을 경계한다.

로잔 운동은 지난 50년 동안 로잔 언약(1974), 마닐라 선언(1989), 케이프타운 서약(2010)의 안내 지침을 따랐다. 제4차 로잔 대회 서울 선언은 이전의 대회 문서들을 온전히 확언하며, 복음의 중심성(1부)과 신실한 성경 읽기(2부)에 대한 우리의 헌신을 갱신함으로써 로잔 문서의 확고한 토대 위에 세워졌다. 오직 이러한 방식으로 우리는 십자가를 지시고 부활하신 주님을 모든 곳에서, 모든 사람에게, 그리고 다음 세대를 위해 신실하게 증거하고자 노력하면서 현재 세계 교회가 직면한 구체적인 도전(3-7부)에 대처할 수 있다.

교회여, 함께 그리스도를 선포하고 나타내자!

1

복음

I

| 복음 |

우리가 살아 내고 전하는 이야기[2]

예수께서 사역을 시작하실 때 "때가 찼고 하나님의 나라가 가까이 왔으니 회개하고 복음을 믿으라"(막 1:15)고 말씀하셨다. 사도 바울은 "내가 복음을 부끄러워하지 아니하노니 이 복음은 모든 믿는 자에게 구원을 주시는 하나님의 능력이 됨이라"(롬 1:16)고 기록했다.

복음은 일종의 공식이나 일련의 종교적 사상이 아니라, 삶을 변화시키는 능력과 좋은 소식을 전하는 이야기이다. 사도행전에서 사도들은 다양한 청중에게 복음을 전했고, 우리는 그들이 전하는 이야기를 듣는다. 이것이 바로 사도들과 역사적으로 수많은 그리스도인이 살아가며 전하는 이야기로 복음을 받아들인 이유이다.

"(신구약성경에 나오는) 바로 이 이야기가 우리는 누구이며, 무엇을 위해 존재하며, 어디로 가고 있는지를 말해 준다. 이 하나님의 선교 이야기는 우리의 정체성을 규정하고, 우리의 선교를 주도하며, 그 결말이 하나님의 손에 달려 있음을 확신하게 한다"(케이프타운 서약, 2010).

---

2 1부(복음)와 2부(성경)에 관한 자세한 설명은 《로잔 주제 연구 보고서》(*Lausanne Occasional Paper*) 74번 "Do You Understand What you Are Reading?: Toward a Faithful Evangelical Hermeneutic of Scripture"를 참조하라. 이 문서는 제4차 로잔 대회를 앞두고 로잔신학위원회(Theology Working Group)가 작성한 서울 선언을 위한 기초 문서(foundational paper)이다.

1. 태초에 하나님은 의미와 신비로 가득 찬 영적, 물질적 실재
   세계가 경이로운 방식으로 상호 의존하도록 만물을 창조하
   셨다. 하나님이 만드신 모든 것은 질서 있고 아름답고 선했
   다. 하나님은 자신이 만든 모든 것을 축복하시고 각 피조물
   이 다른 모든 피조물의 번영을 위해 존재하도록 하셨다. 하
   나님은 땅과 하늘과 바다 등 모든 영역에 피조물을 창조하
   시고 그들에게 생명의 숨결과 번식 능력을 부여하셨다. 하
   나님은 창조의 정점에서 하나님의 형상대로 남자와 여자를
   창조하셨고, 이들이 하나님과 관계를 맺고 서로 관계를 맺
   을 수 있도록 하셨으며, 세상을 돌볼 수 있는 권한을 이들에
   게 부여하셨다.

2. 하나님의 피조물인 인간의 일과 놀이, 결혼과 자녀 양육, 예
   술과 산업, 그리고 공동생활 방식은 모든 피조물의 유익과
   하나님의 영광을 위한 것이어야 했다. 인간이 하나님께 받
   은 축복은 다른 인간과 공유되며, 그 축복은 예배로 되돌아
   오는 것이었다.

하나님은 성령을 통해 말씀으로 놀라운 창조의 행위를 이루셨다

3. 하나님은 인간에게 복을 주실 때, 인간이 하나님으로부터
   독립을 추구하면 생명의 흐름이 멈출 것이라고 경고하셨
   다. 하나님 한 분만이 생명이므로, 그런 선택은 곧 죽음으로

귀결될 것이다.

4. 아담과 하와는 사탄이 주도하는 반역에 가담했고, 그로 인해 죄와 죽음이 세상에 들어왔다. 하나님을 예배하는 문화적으로 다양한 민족들로 땅을 채우라는 사명을 받은 인류는 땅을 폭력으로 물들임으로 하나 됨을 깨뜨렸다. 하나님의 거룩한 임재에서 추방되어 생명과 단절된 인간은 자기 의지에 사로잡혀 무의미한 존재로 속박되었다.

5. 그러나 자비와 사랑이 풍성하신 하나님은 죄 많은 인간 피조물이 스스로 선택한 속박에 내버려두지 않으신다. 또한 공의로우신 하나님은 그들의 반역을 처벌하지 않고 내버려둘 수도 없으셨다. 하나님은 오실 구세주를 통해 무력한 상태에서 인류를 구출하고 모든 민족이 예배로 연합하여 거룩한 한 백성으로 회복하는 계획을 세우셨다.

하나님은 성령을 통해 말씀으로 피조물을 변혁하실 것이다

6. 하나님은 땅의 모든 민족을 축복하기 위해 아브라함과 언약을 맺으시고, 생명의 원천이신 하나님의 임재의 축복을 회복하시고, 그를 통해 다시 모든 민족이 서로 축복하며 연합하게 하겠다고 약속하셨다. 이 백성은 하나님의 집, 즉 하나님의 새 창조를 위한 새로운 인류가 될 것이다.

7. 하나님은 아브라함의 후손, 즉 야곱의 열두 아들의 이름을 딴 열두 지파로 구성된 한 나라를 미리 선택하셨다. 거룩한 백성이 되도록 지음 받은 그들은 바로의 노예가 되어 압제를 당했다. 그러나 하나님은 자신의 언약을 잊지 않으셨다. 하나님은 자신의 백성을 노예 상태에서 이끌어 내어 모든 민족에게 하나님의 위대하심과 탁월하심을 선포하셨다. 하나님은 그들을 시내산으로 인도하여 하나님의 말씀을 마음에 간직하는 백성에게 생명을 주는 권능의 말씀, 즉 한마음으로 하나님을 사랑하고 하나님의 생명으로 충만한 서로 사랑하는 백성을 형성하는 권능의 말씀을 선포하셨다.

8. 그러나 하나님 백성은 하나님께 반역했다. 그들은 생명 대신 죽음을 선택했다. 하나님이 충만한 은혜를 베풀지 않으셨다면, 그 백성은 멸망했을 것이다. 자비하신 하나님은 자신의 통치 아래 살도록 이스라엘의 왕권을 제정하셨다. 하나님은 시내산에서 하신 말씀을 해석하고 이스라엘 백성이 하나님을 떠났을 때 바로잡도록 예언자들을 보내셨다. 하나님은 이스라엘이 거룩한 삶의 방식을 유지하도록 지혜자들과 시편 기자들을 보내셨다. 그럼에도 하나님 백성은 여전히 반역했다. 백성의 왕들과 제사장들은 하나님을 떠났고, 예언자들을 거부했다. 그래서 하나님은 그들을 그 땅에서 추방하여 포로로 끌려가게 하심으로 이스라엘을 정죄하셨다.

9. 그러나 하나님은 자신이 맺은 언약을 잊지 않으셨다. 예언

자들은 이스라엘 민족의 죽음을 경고하면서도 그들이 유배에서 돌아왔을 때, 하나님이 이스라엘 민족을 새 생명으로 일으키실 것이라고 예언했다. 그러나 이스라엘 민족의 죽음과 부활은 하나님이 반역적인 인류를 다루실 때 일어날 극적인 사건, 즉 하나님의 공의로운 통치의 회복을 예고하는 것에 불과했다.

하나님의 말씀과 성령을 통해
창조 세계를 새롭게 하실 때가 아직 오지 않았다

10. 그리고 때가 왔다. 하나님은 왕의 임박한 도래를 준비하고 백성이 하나님의 통치 아래 살며 죄에서 돌이키도록 부르기 위해 예언자 세례 요한을 보내셨다. 세례 요한은 죄에서 돌이킨 사람들에게 세례(침례)를 베풀었지만, 아직 오지 않은 세례에 대해서도 말했다. "내 뒤에 오시는 이는 … 성령과 불로 너희에게 세례를 베푸실 것이요"(마 3:11). 주 예수 그리스도의 성령 세례는 민족들 가운데 언약 백성을 형성할 것이다. 세례 요한이 말한 대로, 오실 분은 오셨지만, 가장 예상치 못한 방식으로 오셨다.

영원한 말씀이신 하나님의 아들이 성령을 통해
동정녀 마리아의 태에서 인간이 되심으로
하나님의 새 창조가 시작되었다

11. 예언자들이 선포한 하나님의 회복적 통치는 세례 요한이 예수께 세례를 주면서 시작되었다. 예수님이 물에서 올라오실 때 "이는 내 사랑하는 아들이요"(마 3:17)라는 음성이 하늘에서 들려 왔다. 예수님도 이스라엘처럼 광야에서 시험을 받으셨지만, 그분은 신실함을 증명하셨고, 하나님이 시내산에서 이스라엘 백성에게 하신 말씀을 진심으로 순종하도록 제자들에게 가르치셨다.

예수님은 병든 자를 고치시고 더러운 자를 깨끗하게 하셨다. 그분은 죽은 자를 살리시고, 멸망하는 자를 구원하셨으며, 귀신을 쫓아내셨다. 이 모든 점에서 예수님은 축복을 회복하는 능력, 즉 죄에서 깨끗해지고 죽음에서 구원받고 사탄의 지배에서 해방되는 능력을 보여 주셨다.

예수님은 마음이 가난하고 겸손한 자에게 하나님의 축복을 새롭게 할 때가 왔다고 선언하셨다. 예수님이 선포하신 축복은 부나 건강이 아니라 새 창조의 변혁적 능력인 하나님의 생명이었다. 메시아 예수님이 교회를 세우실 때가 도래했다. 그러나 이를 위해서는 그분의 자발적이고 희생적인 죽음이 필요했다. 왜냐하면 인류와 하나님 사이를 가로막는 죄의 공격이 모든 사람에게 죽음을 가져왔기 때문이다.

12. 예수님이 본디오 빌라도에 의해 십자가에 못 박히셨을 때, 우리를 대신하여 죽으심으로, 하나님이 보내신 새 창조의 아담이 되셨다. 하나님은 그리스도 안에서 우리의 죄를 대신하여 스스로 형벌을 받으셨다. 생명의 원천이신 분이 세상의 생명을 위해 목숨을 내어 주셨다. 그분은 정죄를 받으셨지만, 그분의 구속받은 백성은 죄의 노예에서 해방되어 주님을 사랑하고 섬기게 되었다.

13. 그리스도는 죽음으로 자신의 생명을 다 쏟아부으셨지만, 죽음에 굴복하지 않으셨다. 하나님은 예수님을 다시 살리심으로 그분의 무죄와 의로움을 증명하셨다. 부활하신 후 예수님은 변화된 몸으로 제자들에게 나타나셨다. 제자들은 예수님의 몸을 만질 수 있었지만, 죽음이 예수님의 몸을 지배할 수 없었다. 아버지께서는 아들을 높이셔서 자신과 함께 통치하게 하셨고, 만물과 온 인류를 그리스도의 통치 아래 두셨다. 그리고 회개와 믿음을 통해 하나님의 한 백성 안에서 모든 민족을 새롭게 하고 화목케 하는 일에 참여한 모든 사람에게 성령을 보내셨다. 그들은 모든 민족 가운데 하나님의 구원의 좋은 소식을 증거하기 위해 새 생명과 능력을 받았다.

그러므로 그리스도 안에 있는 사람은 누구나
하나님의 영을 통해 말씀으로 빚어진
하나님의 새로운 피조물에 속한다

14. 그리스도가 산 자와 죽은 자를 심판하러 다시 오실 때, 하나님은 새 창조의 역사를 완성하실 것이다. 그다음에 그리스도 안에 있는 모든 사람이 그분의 육체적 부활에 참여할 것이며, 하나님의 창조 세계 전체가 변화될 것이다. 하나님 백성은 하나님의 영생의 선물을 누리는 독특한 삶의 방식으로 하나님께 예배하는 연합된 백성으로 메시아의 통치 아래 살아갈 것이다. 이렇게 하나님 백성은 모든 선의 근원이신 하나님을 중심으로 축복의 공동체에서 하나님의 세상을 돌볼 것이다.

15. 믿음으로 우리는 하나님의 한 백성, 삼위일체 하나님의 백성인 그리스도의 교회 안에서 우리의 위치를 발견한다. 믿음으로 우리는 죄 사함을 얻기 위해 그리스도의 죽음으로 세례를 받고 새 생명으로 부활하여 그리스도의 몸에 하나로 연합된다. 믿음으로 우리는 부활하신 분의 의로 의롭다고 선언된다. 믿음으로 교회는 하나님의 영을 통해 그리스도 안에서 하나님의 거처가 되며, 그분은 우리의 영원한 생명의 원천이 되신다. 믿음으로 우리는 하나님의 통치 아래, 하나님의 통치를 위해 살아간다. 믿음으로 우리는 하나님의 창조 세계와 서로를 돌보고 관리하며, 사회에서 하나님의 공의를 위해 일하고, 신실한 섬김으로 평화로운 삶을 추

구한다. 믿음으로 우리는 그리스도 안에 거하며 하나님의 생명 안에 우리의 생명이 있기 때문에 죽음이 정복할 수 없는 자로 살아간다.

16. 우리는 지역 교회에 모여서 만물의 참된 이야기인 복음을 살아 내고, 복음을 실천하며, 복음을 기억한다. 우리는 예배를 통해 은혜로운 그 이야기의 저자이신 그분의 업적을 찬양한다. 우리는 우리의 교리에서 복음의 핵심을 명확히 정제한다. 우리는 하나님 백성이 복음의 모범과 명령에 따라 살아가며 순종하도록 가르친다. 우리는 사랑과 정의, 용서와 화해의 실천에서 복음의 효력을 드러낸다. 우리는 복음의 목적을 위해 기도한다. 우리는 개인과 공동체의 삶에서 복음의 가치를 반영한다. 우리의 존재, 실천, 그리고 선포를 통해 우리는 땅끝까지 복음의 이야기를 전한다. 그동안 우리는 모든 피조물과 함께 새 창조의 완성을 위해 탄식하며 "주 예수여, 오시옵소서!"라고 외친다.

"오 하나님, 우리 아버지시여, 당신의 아들과 성령을 통해 새 창조의 충만함을 이루어 주옵소서!"

2

성경

Ⅱ

| 성경 |

우리가 읽고 순종하는 성경

초창기부터 로잔 운동의 확고한 기둥은 교회와 그 사명, 그리고 그리스도인의 삶을 위한 유일한 신앙과 실천의 원칙으로서 하나님의 권위 있는 말씀인 성경에 대한 확고한 헌신이었다. 그러나 성경에 대한 이러한 높은 견해가 항상 복음을 옹호하고 그리스도를 닮은 제자를 양성하며 교회의 선교를 강화하는 신실한 성경 해석을 낳은 것은 아니다. 더 심각한 문제는, 종종 상충되는 성경 해석으로 인해 하나님의 영광과 복음의 진리를 증거하는 교회의 유효성을 위협한다는 것이다.

따라서 높은 성경관을 확언하려면 성령의 조명을 받고 성경의 역사적, 문학적, 정경적 맥락에 주의를 기울이면서 교회의 해석 전통에 따라 성경을 읽는 방식이 필요하다. 오늘날 교회가 가장 필요로 하는 성경에 대한 중요한 확언은 성경의 본질뿐 아니라 성경 해석, 즉 모든 시대와 장소에서 성도의 교제 가운데 함께 성경을 신실하게 읽는 방법에 관한 것이다.

성경은 인간의 언어로 기록된
하나님의 말씀이다

17. 우리는 성경이 하나님의 영감으로 기록된 말씀이며, 신구

약 66권으로 구성된 하나님의 숨결이 담긴 기록물임을 확언한다. 성경은 다양한 인간 저자와 문학 장르를 통해 하나님이 예수 그리스도 안에서 자신을 위해 한 백성을 선택하신 이야기에 대한 통일되고 일관된 증언을 구성한다.

성경은 하나님의 자기 계시이므로 교회의 성경은 하나님의 택한 백성을 모으고 다스리는 권위를 가지고 있으며 오류가 없다. 성경은 전적으로 진실하고 신뢰할 수 있으며, 교회의 삶에 대한 최고의 규범이다. 성경에 영감을 불어넣으시는 성령은 지속적으로 성경을 조명하며 하나님의 빛과 생명과 진리와 은혜를 전달하신다.

**성경의 중심 메시지는
하나님 나라의 좋은 소식이다**

18. 우리는 성경의 중심 메시지가 하나님 나라의 복음, 즉 예수님의 성육신, 죽음, 부활, 승천, 그리고 재림에 대한 선포이며, 이는 아브라함의 씨를 통해 모든 민족을 축복하시겠다는 하나님의 약속의 성취임을 확언한다. 따라서 우리는 이 복음과 그 가르침에 따라 성경 전체를 읽는다.

복음에서 하나님은 회개하고 예수 그리스도를 믿는 모든 사람에게 죄 사함과 성령의 은사와 영생을 주신다. 예수님이 자신의 피조물을 화해시키고 새롭게 하시며 죄와 그 영향을 제거하여 자신의 영광을 드러내시는 하나님을 섬기기 위해 교회를 세우신다는 것은 좋은 소식이다. 이 복음은 우리가 그리스도의 권위에 복종할 것을 요구하므로, 우리는 복음을 믿고 성경을 읽을 때 성령에 의해 변화된다(사 52:7; 막 1:14-15; 창 12:1-3, 18:18-19; 갈 3:16, 19).

성경의 목적은 제자를 양성하고
교회를 세우는 것이다

19. 우리는 하나님 백성인 교회를 세우고 다스리기 위한 목적으로 하나님이 성경을 통해 말씀하신다는 것을 확언한다. 성경은 신자들이 하나님의 형상인 그리스도를 따르도록 촉구하고 복음에 합당한 삶을 살도록 권면한다. 성령은 성경을 통해 그리스도의 몸과 그리스도의 몸 안에서 그리스도의 마음을 형성하기 위해 역사하신다. 하나님은 성경을 사용하여 하나님의 뜻을 하늘에서와 같이 땅에서도 행하는 공동체로서 하나님의 선교에 참여하는 하나님 백성, 즉 모든 민족 가운데서 택한 백성을 형성하신다(골 1:15, 3:10; 엡 4:24; 마 6:10).

우리는 성경의 문맥을 살피면서
충실하게 성경을 읽는다

20. 우리는 성경을 충실하게 읽고 해석하기 위해서 교회가 역사적, 문학적, 정경적 맥락에서 성경을 읽어야 한다고 확언

한다. 역사적 맥락에서 성경을 읽는다는 것은 본문의 배경을 형성한 세계를 살펴보고 본문이 기록된 상황에 주의를 기울이는 것을 의미한다. 문학적 맥락에서 성경을 읽는다는 것은 본문의 종류와 더 넓은 본문 내에서 단어와 아이디어의 흐름에 주의를 기울이는 것을 의미한다. 정경적 맥락에서 성경을 읽는다는 것은 신구약성경 전체에 비추어 각 부분을 읽는 것을 의미한다.

성경 본문을 적절한 역사적, 문학적 맥락에 두는 것은 저자가 의도한 본래의 의미를 발견하기 위한 필수적 단계이다. 성경을 정경적 맥락에 두면, 교회는 성경을 하나님의 말씀이며 하나님이 역사 속에서 자신의 백성에게 주신 통일된 이야기, 즉 그리스도의 오심으로 절정에 이르는 이야기로 읽을 수 있다.

우리는 성령의 조명을 받아
충실하게 성경을 읽는다

21. 우리는 교회가 기도하는 마음으로 성령의 도움을 구할 때 성경의 구성을 감독하신 성령이 성경 해석을 계속하여 인도하신다는 것을 확언한다. 성령의 인도하심은 세상에 그리스도를 선포하고 나타내려는 교회의 헌신에 힘을 실어 주고, 이를 알려 주기 위해 성경을 듣고, 읽고, 해석하고, 행하는 공동체인 교회에 역사하는 적극적이고 지속적인 임

재이다. 성령은 성경의 진정성, 신뢰성, 충족성, 그리고 신빙성에 대한 내적 증언을 제공한다. 성령은 신자가 하나님의 말씀과 뜻을 이해하고 복종할 수 있게 해 준다(벧후 1:21).

우리는 전통과의 연결을 유지하면서 충실하게 성경을 읽는다

22. 우리는 복음주의적(복음 중심적) 성경 해석이 최근의 발전이 아님을 확언한다. 그것은 사도적 교회로 거슬러 올라가는 오랜 해석 전통을 이어 간다. 성경에 대한 충실한 해석은 보편적 교회에 속하며, 다양성 속에서 복음의 일치를 추구하기 위해 지역적, 역사적, 교파적으로 서로 다른 상황에 처한 그리스도인들의 대화를 요구한다.

우리는 같은 성령의 인도하심을 받고 같은 성경을 통해 예수 그리스도의 같은 복음을 믿은 과거 세대의 신실한 성경 읽기의 연속성을 전승하는 전통의 필수적이고 긍정적인 역할을 확언한다. 복음주의적 해석 방법에 충실하기 위해, 이러한 전통을 존중하고 성령의 인도하심에 따라 성경을 읽어야 한다.

**우리는 지역 상황에 민감하게 반응함으로써
충실하게 성경을 읽는다**

23. 성경을 충실하게 읽기 위해 우리는 문화적 맥락의 중요성을 확언한다. 성경 해석은 결코 진공 상태에서 이루어지지 않는다. 성경 해석에는 언어가 중요한 역할을 한다. 우리의 전제, 개인적 경험, 그리고 문화가 강력하고 잠재적으로 왜곡된 영향력을 행사하기 때문에 성경을 해석하는 것은 도전적인 일이다. 그러나 지역 공동체는 성경에 대한 전반적인 이해를 심화하는 데 있어서 각자의 상황에서 긍정적인 자원을 제공한다. 각 지역 교회는 각자의 상황에서 성경을 충실하게 읽는 온 교회를 대표할 뿐만 아니라, 지역 문화에서 얻은 독특한 통찰력을 통해 온 교회에 유익을 준다.

**우리는 지역 교회에 성경을 읽고 듣는
문화를 형성함으로써 충실하게 성경을 읽는다**

24. 우리는 지역 교회가 개인, 집단, 그리고 예배 공동체로서 공동체 성경 읽기(public reading of Scripture)를 실천하고 충실하게 성경을 읽고 경청하는 신자들을 형성하는 데 헌신할 것을 요청한다. 그러한 문화를 형성할 때, 우리는 하나님의 말씀과 그 말씀이 선포하는 복음이 우리의 세계관과 삶을 형성하도록 해야 한다.

따라서 우리는 그리스도의 몸에 속한 모든 지체의 전 세계적인 협력과 고대의 신조, 신앙 고백, 그리고 교회 전통에 대해 관심을 기울여야 할 필요성을 확언한다. 시공을 초월하여 성령의 인도하심을 따라 성도들의 친교 안에서 성경을 읽고 듣는 것은 지역 공동체가 성도들에게 최종적으로 전달된 신앙에 닻을 내리는 데 도움이 된다. 앞으로 수십 년 동안 교회가 번성하려면, 우리는 그리스도의 유일한 주 되심을 다양한 장소에서 다양한 방식으로 충실하게 선포하고 나타내는 신실한 성경 읽기와 경청 공동체로 형성되어야 한다(유 1:3).[3]

---

3 《로잔 주제 연구 보고서》 74번 "Do You Understand What You Are Reading?: Toward a Faithful Evangelical Hermeneutic of Scripture"를 참조하라.
https://lausanne.org/occasional-paper/do-you-understand-what-you-are-reading-toward-a-faithful-evangelical-hermeneutic-of-scripture.

3

교 회

III

| 교 회 |

우리가 사랑하고 세우는 하나님 백성

로잔 언약(1974)은 "세계 복음화는 온 교회가 온전한 복음을 온 세상에 전파할 것을 요구한다"라고 선언했다. 제4차 로잔 대회(2024)의 주제는 "교회여, 함께 그리스도를 선포하고 나타내자"이다. 그러므로 우리가 '교회'를 어떻게 상상하는지가 매우 중요하다.

우리는 지난 수십 년간 전 세계에 걸쳐 기독교가 놀랍게 확장되는 동안 교회 교리가 거의 주목받지 못했고, 교회가 무엇인지, 그리스도인의 삶에서 교회가 얼마나 중요한지, 그리고 교회가 세상과 어떤 관련이 있는지에 대한 합의가 거의 없었다는 사실을 인식한다. 그 결과가 초래한 혼란은 그리스도와 그분의 복음의 가치를 왜곡하는 비정상적인 형태의 교회에 길을 열어 주었다. 또한 세례받은 신자들 사이에 환멸감을 증대시켜서 공식적 또는 제도적 교회와 거리를 두게 했다.

오늘날 그리스도인, 특히 1세대 신자들은 "살아 계신 하나님의 교회요 진리의 기둥과 터… 하나님의 집에서 행하"(딤전 3:15)므로 깊은 감사와 충성심을 불러일으킬 수 있는 교회에 대한 보다 포괄적인 성경적 이해가 필요하다.

25. 고대 사도신경은 "성도의 교제"(the communion of saints)에 대한 공동의 신앙을 고백한다. 삼위일체 하나님은 예수 그리스도의 구원 사역을 통해 성령으로 자기 백성을 한 *성도의 교제*로 모으고 연합하신다. 하나님과 교회 내 형제자매와의 이러한 교제는 우리에게서 온 것이 아니라 하나님의 선물이다.

오순절 날, 하나님은 예수님이 약속하신 성령을 자기 백성에게 부어 주시면서 이 연합을 드러내셨다. 예수님은 그들을 보내시어 복음을 전하고 다른 사람들을 새로운 공동체로 이끌어 그리스도의 몸의 지체로서 세례를 받고 하나님의 성전으로 성령 가운데 내주하도록 하셨다. 오늘날에도 주 예수님은 계속하여 교회에 성령을 부어 주시고 성령은 교회 안에서, 그리고 교회를 통해 주 예수께 끊임없이 영광을 돌리신다(고전 12:27; 고후 6:16).

26. 개인적인 회개와 믿음, 그리고 하나님의 은혜를 통해 그리스도와 연합한 모든 사람은 그리스도를 머리로 삼고 함께 그분의 몸을 이룬다. 따라서 우리는 개인으로서 구원을 받았지만, 혼자서 구원받은 것이 아니라 서로 함께 구원받은 것이다. 성령은 예수님의 제자인 우리를 그분의 흘리신 피를 믿는 믿음을 통해 그리스도의 몸의 지체로서 그리스도 안에 연합하신다. 기독교 세례는 그리스도에 대한 우리의

새로운 충성과 교회와 하나 됨(new identification)을 공개적으
로 선언하는 것으로서 하나님의 은혜의 표징이자 인봉(sign
and seal)이다(고전 12:13).

교회는 하나이며, 거룩하고, 보편적이며, 사도적이다

27. 수 세기 동안 전 세계 그리스도의 백성과 함께 우리는 니케
아 신조(the Nicene Creed)에 의거하여 교회가 '하나이며, 거룩
하고, 보편적이며, 사도적'임을 고백한다.

28. 전 세계와 역사를 통틀어 교회는 한 성령 세례를 통해 하나
님의 *한* 백성, 그리스도의 *한* 몸, 성령의 *한* 성전이며 그리
스도의 *한* 신부이다. 시간, 공간, 문화, 그리고 언어를 초월
하여 우리는 그리스도와 그분의 완성된 사역으로 연합하
고 성령이 내주하시며 하나님의 사랑으로 *하나* 된 교회이
다(엡 4:4-6; 고후 11:2).

29. 세상에서 그리스도의 가시적 표현인 교회는 그리스도와
같은 *거룩함*으로 부름 받았으며, 하나님을 위해 구별된 자
로 살기로 결단하고 그리스도를 닮은 성품과 행동으로 이
를 보여 준다(딤후 2:21; 벧전 1:14-16).

30. 인종, 성별, 지역, 지위, 그리고 능력에 관계없이 그리스도
께 속한 모든 사람이 그분의 새로운 공동체인 교회 안에 동
등하게 속한다는 점에서 예수 그리스도의 교회는 보편적

(보편적이고 모든 사람을 포용하는)이다. 그러므로 교회의 온전함을 이루는 데에는 각 지체가 필요하기 때문에 교회 안에는 모든 신자를 위한 자리가 있다. 청소년과 청년, 여성과 남성, 목회자와 선교사, 주부, 교육자, 노동자, 전문직 종사자, 그리고 일터의 지도자를 위한 자리가 있다.

31. 보편적 교회에서는 어떤 문화도 우월함을 주장할 수 없다. 모든 인간 문화는 모든 지혜를 소유하신 하나님 앞에 복종해야 하며, 그렇게 함으로써 각 문화는 성경을 이해하고 복음을 선포하는 데 공헌한다. 하나님은 이러한 방식으로 우리를 하나로 연합하여 우리의 모든 다양성 속에서 그분의 영광을 선포하고 나타내신다. 지역 교회는 보편 교회의 유일한 가시적 표현이다. 지역 교회는 하나님의 성전의 영광을 드러내며, 그 안에서 산 돌처럼 예수 그리스도께 속한 모든 사람이 마땅히 있어야 할 자리를 갖는다(고전 3:16-17, 12:12-27; 엡 2:20-21; 벧전 2:4-10).

32. 이러한 하나이며 거룩하고 보편적인 교회는 *사도적*이다. 오순절 날, [사도들은] 성령의 부으심으로 예수 그리스도의 복음을 공개적으로 증언하기 시작했으며, 그 이후로 온 세상에 동일한 메시지를 선포해 왔다. 역사를 통틀어 교회는 모든 곳에서 그리스도의 열두 사도가 하나님 백성에게 위임하고 대대로 전수한 가르침을 굳게 붙잡음으로써 연속성을 유지하며 지탱하는 사도적 공동체이다. 하나님은 이러한 살아 있고 활동적인 말씀의 은사를 통해 우리에게 믿

음과 새 생명을 주심으로 교회를 세우시고 그리스도의 형상을 닮은 교회를 형성하신다(롬 10:17; 벧전 1:23; 유 1:3).

순례하는 교회는 외부의 도전과
내부의 위협에 직면한다

33. 교회는 항상 위기에 직면해 왔다. 주님이 말씀하셨듯이, 이 세상에는 많은 시련이 있을 것이다. 역사를 통해 알 수 있듯이, 하나님의 신실한 성도들은 사랑하는 주님을 위해 목숨을 걸고 박해와 극심한 반대에 직면해 왔고, 지금도 직면하고 있다. 교회는 순교자들의 피 위에 세워졌다. 그럼에도 불구하고 교회의 싸움은 혈과 육에 대한 것이 아니라 어둠의 권세에 대한 것이다. 악한 자는 그리스도의 교회를 대적하지만, 예수님은 약속하신 대로 그분의 교회를 계속 세워 나가시며 음부의 권세도 교회를 이길 수 없다(요 16:33; 엡 6:12; 마 16:18; 계 1:18).

34. 교회는 연약함과 겸손함으로 복음의 보물을 '질그릇'(earthen vessels)에 담아 자신을 가리키지 않고 모든 것을 초월하시는 하나님의 능력을 바라본다. 그러므로 교회는 세상의 권세나 무기로 원수를 대적하는 것이 아니라 의의 영적 무기로 온전히 무장하고 하나님의 능력으로 역경과 고난을 인내하며 견딘다. 제국은 흥망성쇠하지만, 주님이 붙드시는 교회는 진리의 기둥과 터인 살아 계신 하나님의 권속(household of the living God)으로 굳건히 서도록 부름 받았다

(고후 4:7; 요 18:36; 고후 6:7; 딤전 3:14-16).

35. 그러나 우리는 교회가 항상 이 부르심에 충실하지 못한 것을 슬퍼한다. 성경은 교회의 생명력과 메시지의 진실성에 대한 더 큰 위험이 내부에서 비롯된다는 점을 분명히 밝히고 있다. 교회는 세상에서 하나님의 예언자적 증인이 되라는 사명을 포기함으로써 너무 자주 정치적 권력의 유혹, 문화와의 타협, 그리고 세상의 쾌락의 유혹에 굴복해 왔다. 이러한 경우에 교회는 억압의 도구가 되고 불의한 행위에 연루되며 세상에서 신뢰를 잃게 된다. 이러한 타협은 교회가 단순한 세속적 욕망을 충족하기 위해 성경을 왜곡함으로써 성경의 권위에서 멀어진 결과이거나 그 원인이 된다. 교회가 그리스도와 십자가에서 눈을 돌릴수록 신실한 믿음과 실천의 두 기둥인 정통 교리와 정통 실천(orthodoxy and orthopraxy)은 약화된다. 우리는 이러한 과거의 실패와 죄를 애통하며 성령의 확신과 주님의 명령을 계속하여 무시하는 태도를 회개한다(딤전 4:16).

교회는 예배를 위해 모이면서 성장한다

36. 주 예수님은 성령으로 아들을 통해 하나님 아버지를 예배하기 위해 정기적으로 함께 모이도록 그분의 교회를 부르신다. 예수님은 이러한 모임을 통해 성경을 읽고 선포하며 세례와 주의 만찬을 통해 그분의 은혜를 보고 느끼고 맛보

면서 그분에 대한 친밀감과 지식이 자라도록 우리를 초대하신다(행 2:42).

37. 그리스도의 한 몸이며 한 성령의 전인 교회는 주로 예배를 통해 그 정체성을 드러낸다. 함께 드리는 예배 가운데 우리는 교회의 정체성을 구현하고 교회 됨의 의미를 보여 준다. 이는 예배가 본질적으로 공동체적 사건임을 의미한다. 그러므로 공동 예배는 주로 하나님과의 개인적인 관계를 발전시키는 것이 아니라, "왕 같은 제사장"(royal priesthood)이며 "거룩한 나라"(holy nation)로서 "어두운 데서 불러 내어 그의 기이한 빛에 들어가게 하신 이의 아름다운 덕[찬양]을 선포"하는 것이다(벧전 2:5, 9).

38. 교회는 말씀과 성례전으로 삼위일체 하나님을 예배함으로써 자신을 하나님 백성으로 구별한다. 예배의 이 두 가지 기본 요소는 교회를 정의하는 표지(marks)이다. 그러므로 예배는 교회의 많은 실천들 중 하나가 아니라 교회의 근본적인 실천이다. 예배는 우리의 모든 선교적 노력이 지향하는 궁극적인 목적이다. 선교 사역은 예수님이 재림하실 때 끝날 것이지만, 예배는 영원히 지속될 것이다. 따라서 우리는 모든 교회가 근본적 실천으로서 예배에 더 큰 관심을 기울이고 설교, 기도, 그리고 찬양을 통해 예배를 더욱 공동체적 경험으로 만들 것을 요청한다.

39. 올바르게 질서 잡힌 예배(properly ordered worship)는 지역 교회의 권위와 규율 아래에서 이루어진다. 이는 신자 개개인뿐 아니라 온 교회의 안녕을 위해 필수적이다. 따라서 우리는 모든 그리스도인이 지역 교회의 권위에 복종할 것을 요청한다. 지역 교회가 건강하고 성숙해지면 개인이 성장하는 것처럼, 각 그리스도인이 지식, 친밀감, 그리고 책무에서 성장하면 지역 교회도 성장한다(고전 5:1-6:11; 히 10:25).

40. 교회의 머리이신 그리스도는 자신의 백성을 성숙하게 세우기 위해 교회 안에 사역과 섬김의 은사를 두셨다. 다양한 성령의 은사가 공동선을 위해 신자들 가운데 주어진다. 그리스도의 몸은 신자 개개인이 책임감을 가지고 사역을 수행하고 하나님이 주신 은사를 발휘하여 그리스도의 사랑으로 형제자매를 섬길 때 성장한다. 이러한 사역은 모든 하나님 백성이 일터, 시장, 가정, 학교, 그리고 지역 사회 등 그들이 섬기도록 부름 받은 모든 곳에서 예수 그리스도를 높이도록 힘을 실어 준다. 그들은 주 예수님이 자신의 교회를 돌보시고 교회의 보호와 안녕을 위해 끊임없이 중보하신다는 확신을 가지고 다양한 소명을 완수한다(롬 12:6-8; 고전 12:4-11; 엡 4:7-16).

교회는 다양하면서도 신실한 방식으로
그리스도를 나타낸다

41. 교회는 모든 사회에서 지역적이고 대항문화적 공동체를
형성하여 공동의 삶을 표현하도록 부름 받았다. 지역 교회
는 비밀리에 모이는 소그룹 모임(small bands)부터 가정 교회
와 공개적으로 모이는 대규모 교회에 이르기까지 그 형태
가 다양하다. 디지털 공간의 출현은 그리스도인들이 함께
모일 수 있는 또 다른 수단을 제공했으며, 지역 교회의 본
질과 형태에 관한 지속적인 신학적 성찰을 촉신한다.

42. 전 세계의 지역 교회는 역사와 고유한 문화의 영향과 그들
이 직면한 독특한 상황적 도전에 의해 형성된 전통과 형태
에서 놀라울 정도로 다양성을 보여 준다. 그럼에도 불구하
고 이러한 기독교 공동체의 공통점이자 그리스도의 몸에
대한 진정한 표현은 예수 그리스도의 복음에 대한 공통의
믿음, 즉 그리스도가 세상과 나누도록 부르신 믿음에 대한
응답으로 삼위일체 하나님을 예배하는 것이다.

교회의 선교는 그리스도의 제자를 삼는 것이다

43. 그러므로 교회는 함께 그리스도를 선포하고 나타내도록
부름 받았다. 대위임령은 복음의 메시지를 믿는 사람들에
게 세례를 주고 예수 그리스도에 대한 참된 순종을 가르침
으로써 모든 민족을 제자 삼으라는 주님의 뜻에 동참하도

록 모든 신자를 모든 곳으로 초대한다. 하나님은 말씀과 성령의 능력으로 우리를 거룩한 백성으로 세상에 보내서서 우리를 지켜보는 세상 앞에서 복음을 증거하게 하신다. 우리는 *그리스도로 충만한 임재*(Christ-filled presence), *그리스도 중심의 선포*(Christ-centred proclamation), 그리고 *그리스도를 닮은 실천*(Christlike practice)을 통해 이를 수행한다(마 28:18-20).

44. 예수님은 온전함을 유지하며 결코 그 힘을 잃지 말아야 하는 "세상의 소금"으로 제자들을 묘사함으로 세상에서 그들의 *존재*(presence)가 미치는 강력한 영향력을 깨닫도록 촉구하셨다. 사도 바울은 복음의 영감을 받은 그리스도인이 어떻게 "구원받는 자들에게나 망하는 자들에게나 … 그리스도의 향기"가 되는지를 설명했다. 이는 하나님이 자신의 은총을 알리고 오랫동안 하나님과 멀어진 세상과 함께하심을 알리기 위해 그분의 구속받은 백성을 사용하시듯이, 가족, 이웃, 학교, 일터, 광장 등 모든 사회에서 그리스도인 개인이나 공동체가 희망의 이유가 되게 한다(마 1:23, 5:13; 고후 2:15-16).

45. 성경은 "믿음은 들음에서 나며 들음은 그리스도의 말씀으로 말미암았느니라"고 말한다. 그러므로 예수 그리스도의 좋은 소식을 신실하게 선포하는 것은 교회의 증언에 필수적이며, 이 과업을 위해 주님은 신자들에게 복음 전도의 능력을 주려고 성령을 부어 주셨다. 교회는 하나님의 말씀과 성령을 통해 하나님의 구원하시는 능력을 나타내며 그리

스도를 알지 못하는 곳에 복음을 선포하는 사자들(heralds)을 보낸다. 가정과 일터에서 일상의 증거를 통해 하나님은 계속해서 모든 족속과 방언의 사람들을 자신에게 모아 예수님의 속죄의 보혈로 구원하시고 그리스도의 몸의 지체로 연합하신다(롬 10:17).

46. 또한 교회는 그리스도를 닮은 실천을 통해 증언한다. 세상이 복음 선포를 통해 그리스도에 관해 듣는 것처럼, 서로와 이웃에 대한 우리의 사랑, 우리가 하나님의 피조물을 돌보고 일상적인 소명을 훌륭하게 감당하는 모습을 통해 그리스도를 볼 수 있다. 믿음이 들음에서 오는 것처럼, 믿음에는 항상 행함이 수반된다. 이러한 행위는 공동선을 증진하고, 가난하고 가장 취약한 사람들을 우선적으로 돌보게 하며, 주님의 본을 따라 정의의 대의를 진전시킨다(마 5:16; 요 13:35; 엡 2:8-10; 눅 4:18-19).

47. 그리스도가 다시 오실 마지막 날까지, 그리스도의 신부인 교회는 신랑의 재림을 기대하며 이전 세대의 성도들도 부활할 것을 기대하며 모인다. 그러므로 우리는 교회의 소망이 성취되는 날, 즉 하나님이 우리와 함께 거하시며 전능하신 주 하나님, 즉 성부와 성자와 성령을 알게 될 때를 기다리며 그분께 영원히 예배드리기를 열망한다(계 21:3). "교회 안에서와 그리스도 예수 안에서 영광이 대대로 영원무궁하기를 원하노라 아멘"(엡 3:21).

4

인간

IV

| 인간 |

창조되고 회복된 하나님의 형상[4]

오늘날 세계는 "인간이 된다는 것은 무슨 의미인가?"라는 질문에 몰두하고 있다. 따라서 인간에 대한 기독교 교리는 매우 중요하다. 우리가 이 질문에 대답하는 방식은 세상에서의 증언과 교회의 삶에 깊은 함의를 갖는다. 이 질문은 정체성, 인간의 성, 그리고 발전하는 기술의 함의와 관련하여 세계적인 격변의 핵심을 관통한다. 인간에 대한 건전한 교리는 교회 내에서 초인적인 힘과 신적 권위를 주장하는 지도자들이 늘어나는 현상에 대처하는 데도 필수적이다.

하나님의 형상은 인간 됨의 본질이다

48. 성경은 인간이 하나님의 형상대로 고유하게 창조되었다고 가르친다. 이 고유성에는 세상에서의 청지기 역할과 책임이 포함된다. 하나님의 형상이라는 선물은 성별, 민족, 인종, 계급, 나이, 신체적·정신적 능력, 그리고 사회·경제적, 문화적 상황과 관계없이 모든 인간에게 고유한 존엄성과 평등과 가치를 제공한다. 삼위일체 하나님은 인간을 하

---

4 4부(인간)에 관한 자세한 설명은 《로잔 주제 연구 보고서》 77번 "A Theology of the Human Person"을 참조하라. 이 문서는 제4차 로잔 대회를 앞두고 로잔신학위원회가 작성한 서울 선언을 위한 기초 문서이다.

나님과의 개인적인 관계와 공동체 형성을 포함한 관계적
인 존재로 창조하셨다(창 1:26-28, 2:15).

49. 인간은 육체를 보완하는 영적 차원을 소유한 육체적, 영적
통합체이다. 그러므로 우리는 몸과 영 중 어느 한쪽이 다른
쪽에 대해 우월하다는 주장을 거부한다.

50. 인간이 하나님의 형상을 온전히 반영할 수 있는 정도로 죄
가 영향을 미친다는 것을 우리는 인식한다. 죄는 인간의 고
유한 본성과 능력, 타인과의 관계, 그리고 세상에서 인간의
소명을 타락하게 만든다. 죄는 인간이 본질적인 가치를 지
닌 인격체로 여기지 않고, 다른 사람을 인격이 아닌 물건으
로 취급하도록 악영향을 미친다. 때때로 그리스도인조차
도 다른 사람을 소외시키고 비인간화하여 자기 이익에 따
라 하나님의 형상을 잘못 해석했다.

하나님의 형상은 그리스도 안에서 회복된다

51. 우리는 하나님의 아들 예수 그리스도가 하나님의 형상임
을 확언한다. 예수님은 성육신을 통해 두 번째 아담으로서
완전한 인간이 되셨다. 첫 번째 아담과 달리 그분은 죄 없
는 삶을 사셨기에 인류를 죄와 하나님으로부터 소외된 상
태에서 구속할 자격을 갖추셨다. 하나님의 탁월하고 완전
한 형상이신 예수 그리스도는 모든 신자가 성령에 의해 변
화되는 인간의 이상이시다. 우리는 하나님의 본성에 참여

하면서 은혜로 그리스도의 형상을 닮아 가고 있다. 이러한 그리스도를 닮음은 우리의 성품, 실천, 욕망, 그리고 열망의 갱신으로 드러나며, 재림 시 그리스도의 부활하신 몸의 형상으로 우리의 몸이 변화될 때 드러난다(골 1:15; 히 1:1-3; 요 1:1, 14; 빌 2:1-11; 엡 1:1; 롬 5:12-14; 고전 15:45-49, 50-54).

52. 교회는 신자들을 하나님과 서로 화목하게 하시는 그리스도에 의해 창조된 하나님의 새로운 인류이다. 이 새로운 인류는 참되고 온전한 인간성을 정의하시는 그리스도의 형상을 닮도록 변화되고 있다(엡 2:14-16; 롬 8:9, 12:1-2; 고후 3:18).

53. 구속받은 인간은 하나님의 형상을 지닌 존재로서 교회의 공동선을 위해 봉사하고 세상에서 하나님께 영광을 돌리기 위해 은사와 사역을 부여받았다. 모든 그리스도인은 다양한 은사와 소명을 통해 하나님 나라에 참여하고, 하나님 나라의 대사가 되는 특권을 부여받았다. 그러나 이러한 모든 표현과 실천은 복음과 성경에 대한 사도적 증언에 비추어 검토되어야 하고, 어느 누구도 거짓 복음에 속거나 하나님의 영광을 가로채는 일에 동참하지 않도록 해야 한다(고전 12:4-7; 롬 12:4-8; 엡 4:11-16; 고전 1:4-8; 벧전 4:10-11; 마 7:15-16; 갈 1:6-9; 요일 2:19; 유 1:3-4).

54. 우리는 그리스도를 닮아야 하는 이상과 모순되는 새로운 인간성에 대한 거짓된 개념을 통탄하며, 심지어 일부는 신성을 소유했다고 주장하는 번영과 명성에 기반한 사역에

서 분명히 드러나는 것처럼, 그리스도를 닮음(Christlikeness)에서 멀어지는 기독교 리더십에 대해 애통한다. 그리스도의 본은 그러한 주장과 영적 권위의 표시로써 다른 사람을 조종하는 것에 도전한다. 겸손과 회개와 하나님의 은혜에 대한 의존은 하나님 나라의 특징이다(눅 9:23; 빌 2:8-11, 3:18-19; 고전 15:9-10; 요일 1:8-10).

55. 우리는 몸의 부활과 새 창조의 완성, 즉 인간 안에 있는 하나님의 형상과 모습이 온전히 새로워질 날을 고대하고 있다. 그때 하나님 백성은 하나님과 인간, 그리고 모든 피조물과 함께 충만한 생명과 교제를 누리게 될 것이다(사 65:17, 66:22; 벧후 3:13; 계 21:1-4).

하나님의 형상과 인간의 섹슈얼리티

| 성 정체성에 대한 기독교적 이해 |

56. 성경의 창조 이야기는 인간이 남성과 여성이라는 명확하게 식별 가능한 신체적 특징과 관계적 특징을 가진 성적 존재로 창조되었음을 인정한다. 개인의 '성'(sex)은 남성과 여성을 구별하는 생물학적 특성을 언급하며, '젠더'(gender, 성별)는 남성 또는 여성이라는 심리적, 사회문화적 연관성을 의미한다. 성경은 남성과 여성 모두 하나님의 형상을 지니고 있으며, 하나님의 창조 세계를 돌보는 가운데 창조주를 대표한다는 사실을 확언한다(창 1:26-28, 2:22-23).

57. 우리는 섹슈얼리티(sexuality, 성[性])에 대한 왜곡을 통탄한다. 우리는 우리의 창조성과 무관하게 개인이 젠더를 결정할 수 있다는 개념을 거부한다. 생물학적 성(sex)과 성별(gender) 은 구별될 수 있지만, 분리할 수 없다. 남성성과 여성성은 인간 창조의 고유한 사실로서, 문화권에서 남성과 여성을 구분할 때 표현하는 사실이다. 또한 우리는 성별 유동성 (gender fluidity, 상황과 경험에 따라 성별 정체성이나 성별 표현이 유동적이라는 주장)이라는 개념도 거부한다.

58. 그러나 역사적으로 볼 때, 태어날 때 성이 명확하지 않은 사람들(오늘날에는 광범위하게 인터섹스[intersex individuals]로 지칭됨)은 중대한 심리 사회적인 어려움에 처해 왔다. 성경에서 하나님은 소외와 고통을 경험하는 고자들(eunuch)에 대한 깊은 관심을 표현하셨고, 그들의 존엄성의 회복을 약속하시며, 하나님을 신뢰하는 이들을 위해 더 나은 미래를 준비하셨다. 이와 같은 방식으로, 하나님 백성은 오늘날 유사한 상황에 처한 사람들에게 긍휼과 존중의 태도로 응답하도록 부름 받았다(사 56:4-5).

| 결혼과 독신에 대한 기독교적 이해 |

59. 성경에서 결혼에 대한 첫 번째 언급은, 결혼을 하나님이 제정하신 것이며 한 남자와 한 여자의 배타적인 결합으로 묘사한다. 그 결과, 성경이 "한 몸"(one flesh)으로 언급하는 새로운 실체(new entity)가 탄생한다. 따라서 우리는 하나님의 설

계에 따라, 결혼이 한 남자와 한 여자 사이의 육체적, 정서적 결합에 헌신하는 관계이며 평생 동안 서로 사랑하고 나누는 독특하고 배타적인 언약 관계임을 확언한다(창 2:24; 마 19:4-6).

60. 더욱이 성경은 언약에 기반한 결혼(covenant marriage)이 성관계의 유일한 합법적인 상황이라고 일관되게 가르친다. 결혼의 범위를 벗어난 성관계는 창조주의 설계와 의도를 위반하는 죄악이라고 선언한다.

61. 우리는 동성 파트너십을 성경적으로 유효한 결혼으로 정의하려는 교회 내 모든 시도를 애통한다. 우리는 일부 기독교 교단과 지역 교회가 문화의 요구에 굴복하여 그러한 관계를 결혼으로 성별한다(consecrate)는 주장에 대해 슬퍼한다.

62. 우리는 결혼이 다음 세대를 양육하는 데 필요한 상황을 제공함으로써 인류의 번영을 위해 하나님이 의도하신 것임을 확언한다. 신실한 결혼은 자유의 한계를 적절히 정하고 (appropriately delimiting freedom) 자녀가 번성할 수 있는 안전한 양육 환경을 조성하므로 가족 생활의 강한 유대를 가능하게 한다.

63. 결혼에 대한 성경적 비전은 생육하고 번성하라는 창조주의 명령을 이행하는 동시에 부부에게 동반자 관계와 즐거움을 제공하는 것을 포함한다. 우리는 개인적, 사회적 선으로 인식되는 성적 자유의 추구가 결혼 내 성관계의 출산

적 측면(procreational aspect)을 경시하여 전 세계적으로 자녀의 가치를 평가절하하고[5] 낙태의 급격한 증가로 이어진 것에 대해 슬픔을 금할 수 없다(창 1:28, 2:18-25).

64. 그리스도인의 결혼은 그리스도와 교회의 관계를 모델로 삼고 있으므로, 남편과 아내가 예수 그리스도의 주권 아래 제자로서 서로에 대한 책임을 다할 때 복음을 실천하는 독특한 증언의 수단이 된다. 따라서 결혼을 선택한 그리스도인은 결혼 관계를 돌보고 부부 사이에서 태어나거나 입양되는 자녀의 양육을 위해 필요한 누력을 기울여야 한다(엡 5:22-31).

65. 결혼은 모든 사회에서 성인에게 이상적인 것으로 여겨져 왔고, 결혼 생활에서 남편과 아내는 서로를 보완하지만, 결혼이 한 사람을 완전하게 만드는 필수적인 단계는 아니다. 결혼한 사람과 독신자 모두 창조주의 뜻을 온전히 이루고 예수 그리스도를 증언할 수 있다. 하나님의 형상대로 창조된 개개인은 다른 인간관계의 맥락에서 최대한 잠재력을 발휘할 수 있는 완전한 인간이다. 이상적인 인간이신 주 예수님은 독신의 삶에 관한 이 진리를 모범적으로 보여 주셨다. 사도 바울은 상황적이든 직업적이든 독신을 통해, 결혼한 사람들에게는 불가능한 방식으로 하나님 나라의 대의를 섬길 수 있는 그리스도인만의 독특한 기회를 제공한다고 긍정적으로 주장했다(고전 7:32-35).

---

5 자녀의 가치에 대한 평가절하에는 '태아'에 대한 생명 경시도 포함된다.

66. 우리는 모든 지역 교회가 기독교 공동체에서 교육, 멘토링, 그리고 상호 격려와 실질적인 지원 네트워크를 통해 독신자와 결혼한 부부 모두를 지원할 것을 요청한다. 이러한 공동체는 예수 그리스도의 주 되심과 하나님의 영광에 대한 충성의 맥락 가운데 깊은 우정, 결혼 생활에서의 사랑과 신실함, 부모 공경, 그리고 헌신적인 자녀 양육이라는 성경적 가치의 본을 보이므로 복음의 능력을 증언한다.

| 동성 성관계에 대한 기독교적 이해 |

67. 동성 간의 성적 친밀감은 인류 문명만큼이나 오래된 현상으로, 신구약성경은 이러한 관행에 대한 인식을 보여 준다. 성경에서 동성 간 성행위에 대한 분명한 언급은 여섯 차례나 발견된다. 오늘날 사회와 교회에서 이 주제가 매우 중요하기 때문에 그리스도인들이 성경에 기록된 동성 간 성적 친밀감에 대한 모든 언급과 문맥상 그 의미를 숙지하는 것이 중요하다(창 19:1-3; 레 18:22, 20:13; 롬 1:24-27; 고전 6:9-11; 딤전 1:9-11).

a. 구약성경은 하나님이 심히 악하다고 선언하신 소돔의 문화와 아브라함과 그의 가족의 삶이 교차하는 창세기 19:1-3의 이야기에서 동성 간 성행위를 언급한다. 소돔의 악명은 여러 형태의 사회악에서 비롯되었으며, 모든 마을 사람들이 롯의 손님들을 강간하려 한 사건은 소돔의 지독한 도덕적 상태를 보여 주는 증거로 이 이야기에서 강조되

었다(겔 16:49-50; 창 18:20-21, 19:1-13; 유 1:7).

b. 신약성경의 사도적 증언에서 동성 간 성행위는 그리스와 로마 문화를 배경으로 로마서 1:18-27, 고린도전서 6:9-11, 그리고 디모데전서 1:9-11에 언급되어 있다. 역사적 기록은 동성 간 성관계가 이 시기에 잘 알려진 관행이었으며, 특히 사회 상류층에서 일반적인 관행이었음을 분명히 보여 준다. 이러한 맥락에서 바울이 동성 간 성관계를 음행이나 간음과 같은 성적인 죄의 범주에 포함시키고 도둑질, 탐욕, 술 취함, 비방, 사기를 포함한 더 광범위한 죄 목록에 포함시킨 것은 놀랍다. 디모데전서 1:9-11에는 동성애 행위를 금지하는 목록에 부친 살해(patricide), 살인, 음행, 노예 거래, 그리고 위증이 포함된다. 이러한 행위를 하는 모든 사람을 범법자, 반역자, 불경건하고 죄가 많으며 무종교적인 사람들이라고 부른다.

c. 고린도전서 6:9에서 바울은 레위기 18:22과 20:13 두 본문에서 남성 간 성관계를 설명하는 용어를 만들어 냈다. 이 본문들은 하나님과 언약 관계를 맺은 이스라엘 백성에게 동성 간 성관계가 하나님의 기준을 위반하는 것이라고 진술한다.

d. 바울이 로마서 1:24-27에서 동성 간 성관계를 언급할 때, 이는 하나님에 대한 인류의 반역이 어떻게 하나님의 창조 질서를 거부하게 되었는지를 표현하기 위함이다. 인

류가 도덕적으로 완전히 파산했다는 증거로 바울은 우상
숭배와 만연한 성적 부도덕이라는 관행을 언급한다. 바울
은 성적 불순결과 관련하여 당시에는 세련된 문화로 간주
되어 잘 알려진 관행인 여성 간의 성관계와 남성 간의 성
관계를 정죄한다.

68. 동성 간 성관계에 대한 성경의 모든 언급은 하나님이 그러
한 행위를 성에 대한 자신의 의도를 위반하고 창조주의 선
한 설계를 왜곡하는 것으로 간주하심으로 그것이 죄악이
라는 피할 수 없는 결론에 이르게 한다. 그러나 복음은 무
지로든 고의로든 유혹에 넘어가 죄를 범한 자들도 죄를 고
백하며 회개하고 그리스도를 신뢰함으로 용서받고 하나
님과의 교제를 회복할 수 있음을 우리에게 확언한다.

69. 우리는 교회 안팎에서 일부 사람들이 동성에게 끌림(same-
sex attraction)을 경험하며, 어떤 사람들에게는 이것이 유일하
거나 지배적인 끌림이라는 것을 인지한다. 그리스도인은
유혹에 저항하고 욕망과 행위 모두에서 성적 거룩함을 유
지해야 한다는 성경의 주장은 동성에게 끌리는 사람과 마
찬가지로 이성에 끌리는 사람에게도 동일하게 적용된다.
그러나 우리는 동성에게 끌리는 그리스도인들이 기독교
공동체에서 어려움을 겪고 있음을 인식한다. 우리는 그리
스도의 몸에 속한 우리의 형제자매에 대한 사랑이 부족했
음을 회개한다.

70. 우리는 기독교 지도자들과 지역 교회들이 우리 공동체 안에 동성에게 끌림을 경험하는 교인들이 존재함을 인지하고, 목회적 돌봄과 건강한 사랑과 우정의 공동체를 발전시킴으로써 그들에게 제자 훈련을 지원할 것을 촉구한다.[6]

---

6 《로잔 주제 연구 보고서》 77번 "A Theology of the Human Person"을 참조하라. https://lausanne.org/occasional-paper/a-theology-of-the-human-person.

5

제자도

V

| 제자도 |

거룩함과 선교에 대한 우리의 소명[7]

자비로우신 하나님은 지난 반세기 동안 로잔 운동을 통해 전 세계 미전도 종족과 공동체에 복음을 전하고 불의와 억압과 차별에 맞서 사회적 관심을 심어 주기 위해 역사하셨다. 이러한 이중 강조점(dual emphases)은 종종 '통전적 선교'(intergral mission)라는 개념 안에 통합되었지만, 통전적 선교는 제자가 되라는 주님의 명령과 제자를 삼으라는 주님의 위임령을 항상 완전히 통합하지는 못했다.

그 결과, 우리는 십자가에 달리신 주님을 따르는 제자라고 주장하면서도 주님이 우리에게 주신 거룩한 삶의 본을 따라 살지 못하고 다른 사람들에게도 그렇게 살도록 가르치는 데 종종 실패했다. 이는 전 세계 복음주의 교회의 잘못된 재정 관리, 성추행과 학대, 지도자들의 권력 남용과 이러한 실패들로 인해 고통받는 사람들의 아픔을 외면하는 모습으로 이어졌다. 또한 이를 은폐하려는 시도와 영적 빈혈, 그리고 미성숙에 대한 보고가 꾸준히 이어졌다.

우리는 이러한 실패를 슬퍼하고 우리의 죄를 탄식한다. 우리는 겸손히 회개하며 우리 안에 주님을 볼 수 있는 거룩함을 이루기 위해 복음의 지속적인 은혜가 절실히 필요함을 고백한다(히 12:14). 따라서 우리는 다음의 확언으로 헌신을 다짐한다.

---

7 5부(제자도)에 관한 자세한 설명은 《로잔 주제 연구 보고서》 75번 "The Formation of Disciples for Mission and The Formation of Disciples as Mission"을 참조하라. 이 문서는 제4차 로잔 대회를 앞두고 로잔신학위원회가 작성한 서울 선언을 위한 기초 문서이다.

제자는 하나님과 이웃을 사랑하는 삶을 위해 복음으로 형성되어 예수님을 따르는 자이다

71. 우리는 제자 됨이 그리스도의 성육신, 삶, 죽음, 부활, 승천이라는 좋은 소식에 부합한 삶의 본을 따라 형성되는 것이며, 이를 통해 하나님이 사랑으로 자기 백성을 죄에서 구원하시고 승천하신 그리스도가 성령을 부어 주심으로 그분의 거룩하고 의로운 통치 아래 살도록 은혜롭게 능력을 주셨음을 확언한다.

그 결과, 선교는 하나님과 이웃에 대한 사랑이 한마음으로 연합된 제자 형성을 목표로 한다. 그것은 하나님의 법을 인간의 마음에 새기는 하나님의 사역으로 바르게 이해되어야 한다. 즉 이 사역은 우리로 하여금 주님의 종이신 예수님의 사역을 이어받아 세상에 생명과 빛을 가져오는 사역을 계속하는 모든 민족으로 이루어진 하나님의 하나된 거룩한 언약 백성으로서 살게 한다. 이러한 신적 성취의 구현으로서 지역 교회는 이런 방식을 추구하는 선교의 수단이자 목적이다(렘 31:31-34; 마 22:36-40).

주 예수께서는 우리에게 제자가 되라고 명령하시고 제자 삼으라고 위임하셨다

72. 우리는 하나님 백성의 선교가 주 예수께서 제자들에게 주신 위임령, 즉 하나님이 반역적이고 깨어진 세상에 아들을

보내서서 이루신 일을 선포함으로써 제자 삼으라는 사명을 완수하는 것임을 확언한다. 모든 민족에게 하나님의 좋은 소식을 전하는 과업을 맡은 사람들은 스스로 제자로 살아야 하며, 우리의 선교의 올바른 목표는 좋은 소식을 듣고 믿는 사람들이 변화되어 주님이 가르치신 모든 것에 순종하는 제자로 살아가는 것임을 이해해야 한다. 이러한 개인의 변화를 통해 하나님은 복음 안에서 인류를 그리스도의 형상으로 회복시키고, 이로써 모든 피조물을 새롭게 하고 회복하는 하나님의 선교를 성취하신다. 인류를 새롭게 하시려는 하나님의 목적의 성취는 모든 시대와 장소, 모든 나라와 민족에서 온 하나님 백성이 하늘에 모인 것을 나타내는 지역 교회이다. 따라서 복음의 형성적 능력은 개인과 지역 교회 모두를 그 대상으로 삼는다. 성숙한 제자를 양육하는 것은 교회가 성령의 능력을 힘입은 신자 개개인의 사역을 통해 그리스도의 형상을 닮은 충만한 모습으로 성장하고 성숙하는 것과 불가분의 관계를 갖는다(마 22:37-40, 28:18-20; 엡 4:11-14).

우리는 좋은 소식을 전하지 않고서 제자 삼을 수 없으며, 깨어진 세상에 깊이 관여하지 않고서 제자가 될 수 없다

73. 우리는 개인적으로나 공동체적으로, 제자로 형성된 사람들이 가족, 이웃, 학교, 일터, 그리고 사회에서 불의와 죄로 인해 깨어진 세상에 깊이 관여하게 될 것을 확언한다. 그러

므로 우리의 선교적 과업은 단순히 기독교 신앙 고백을 확
보하기 위해 메시지를 선포하는 것이 아니다. 오히려 우리
의 복음 전도 과업은 십자가에 못 박히신 메시아의 메시지
에 부합한 삶을 살면서 다른 사람들도 이와 같은 삶의 모습
으로 형성되는 것을 목표로 복음 메시지를 선포하는 것이
다. 제자가 되는 것과 제자 삼는 것이 분리될 수 없듯이, 개
인 생활, 가정, 교회, 그리고 우리가 사는 사회에서 의를 추
구하는 것은 결코 복음 선포와 분리될 수 없다.

우리는 제자로서 복음의 은혜를 처음 경험하는 동시에
계속하여 변화를 경험한다

74. 우리는 제자가 복음으로 삶이 변화된 사람임을 확언한다.
이러한 변화는 우리가 죄를 회개하고 복음을 믿을 때 시작
된다. 그러나 좋은 땅에 심긴 씨앗처럼, 복음은 단번에 온
전한 변화를 가져오거나 변화의 열매를 맺지 않는다. 오히
려 이러한 변화는 일생에 걸쳐 점진적으로 일어나며, 거룩
함과 사랑이 깊어지므로 복음의 변혁적 능력의 실재를 보
여 준다. 변화의 초기 경험과 지속적인 실현은 신자들을 그
리스도의 생명과 그리스도의 몸 안에서 서로 연합하는 믿
음을 통한 은혜로 일어나는 성령의 사역이다.

**지역 교회는 복음 안에서 은혜의 수단을 실행하고
공동체의 삶에서 변혁적 능력을 경험함으로써
제자 형성을 위해 중요한 역할을 한다**

75. 우리는 지역 교회가 십자가에 못 박히신 그리스도의 메시지에 부합하는 삶의 형태를 공동체 생활에 반영하도록 노력할 때 성장하고 성숙해진다는 것을 확언한다. 교회는 복음 선포를 통해, 정기적인 세례와 주님의 만찬에서 복음을 구현하는 것을 통해, 그리고 기도와 찬양으로 복음에 감사하게 응답하는 것을 통해 성장하고 성숙해진다.

교회 안에서 신자 개개인은 성령이 주시는 은혜를 공동체 안의 신자들에게 전달함으로 천국 시민으로서 그 시민권에 합당한 삶을 사는 법을 배운다. 교회 안에서 개인의 결혼은 그리스도와 그분의 백성 간에 사랑의 연합과 일치한다. 교회 안에서 각 가정은 믿음의 권속 안에서 생활함으로써 주님의 길로 견고해진다. 이런 방식으로 교회와 모든 신자는 가장 거룩한 신앙으로 세워지고 성령에 의해 그리스도의 형상을 닮아 가며 거룩함과 믿음, 그리고 주님의 재림에 대한 정결한 소망의 삶을 살도록 고무된다.

교회 안에서 복음 사역을 통해 준비되고 그리스도의 자비로운 본을 통해 격려받는 우리는 전 삶을 예배로 보고, 교회 밖 사람들의 선을 구하며, 우리가 행하는 모든 일에서 세상의 온전함을 회복하기 위해 일하는 법을 배운다(엡

2:19; 빌 3:20; 살전 2:12; 유 1:20; 요일 3:3).

지역 교회는 사역 지도자, 선교사, 그리고 동역자들에게 책무를 제공하고 건강한 리더십과 거버넌스를 통해 본을 보이는 중요한 역할을 한다

76. 우리는 사역자와 선교사들에게 지역 교회와 중요한 교제를 유지하고, 지역 교회에 대한 책무를 다할 것을 요청한다. 이것은 모든 제자에게 해당되지만, 지역 교회 밖의 사역을 위해 부름 받은 사람들은 교회 안에서 그리스도의 생명과 필연적으로 연결되어야 하며 지역 교회 안에서 성령의 지속적인 사역을 반영해야 한다.

주님은 섭리 가운데 지역 교회와 협력하여 자신의 백성을 제자 삼고 훈련하기(sharpen and equip) 위해 사역과 선교의 동반자 협력(partnership)을 일으키셨다. 우리는 이러한 사역의 중요성과 더불어 하나님이 그리스도 안에서 빚으시는 새로운 인류의 구현으로서 지역 교회에 분명한 초점을 맞추고 관계를 유지하는 것의 중요성을 확언한다. 이러한 사역은 지역 교회에 주어진 책무, 투명성, 그리고 감독의 형태와 원칙에 대한 성경의 가르침을 따를 때 그리스도를 높인다. 그렇게 함으로써 그들은 한 개인보다는 복음 안에서 영

적 권위를 보존하는 다수 리더십과 거버넌스 구조를 채택

할 것이다(행 6:1-6, 15:1-35, 20:17-38).[8]

---

8 《로잔 주제 연구 보고서》 75번 "The Formation of Disciples for Mission and the Formation of Disciples as Mission"을 참조하라.
https://lausanne.org/occasional-paper/the-formation-of-disciples-for-mission-and-the-formation-of-disciples-as-mission

6

열방의
가족

VI

| 열방의 가족 |

우리가 인식하고 평화를 위해 섬기는 분쟁 중인 민족들

우리가 선포하는 복음은 하나님과 개인 간, 개인과 민족 간에 평화를 가져오기 때문에 그리스도의 백성은 평화의 사람으로 알려져야 한다. 하나님의 목적은 다양한 민족이 공정하고 관대한 방식으로 각자의 은사와 지구의 자원을 공유하면서 번영하는 것을 보는 것이다. 우리는 분쟁으로 가득한 세상에서 평화를 이루라는 성경의 일관된 요청을 구현한 기독교 공동체와 개인의 많은 사례에 대해 하나님께 감사드린다. 우리는 자신의 평판과 생명의 위험을 감수하면서도 그리스도의 평화를 옹호하는 이들을 존경한다.

그러나 교회가 항상 세상에서 교회의 존재를 규정하는 특성인 그리스도의 평화를 존중해 온 것은 아니다. 교회가 명시적이든 암묵적이든 폭력을 옹호하고 전쟁을 조장하는 활동과 사업에 관여한 역사적 사례가 있다. 이는 교회가 선포하는 복음을 모독하는 것이다. 분쟁으로 찢어진 세상에서 그리스도를 선포하고 나타내도록 부름 받은 모든 민족으로 구성된 교회에게 그리스도는 무엇을 원하시는가?

**우리는 갈등이 만연한 세상에서
복음을 통해 그리스도 안에서 모든 민족을
화해시키려는 하나님의 목적을 확언한다**

77. 로잔 운동은 모든 민족, 나아가 모든 사람에 대한 하나님의 구속적 통치라는 좋은 소식을 문화적으로 다른 모든 민족이 들어야 한다는 인식 가운데 '미전도 종족'에 대한 선교를 장려하는 중요한 역할을 해 왔다. 우리는 사람들이 복음을 듣지 못하도록 적극적으로 방해하며 복음을 듣고 믿는 사람들을 핍박하는 나라들(현대적 의미의 '국가')이 그러한 행위를 중단하는 날이 오기를 기도한다. 우리는 개인뿐 아니라, 그들이 속한 민족을 위해서도 그렇게 기도한다.

복음을 통한 하나님의 핵심 목적은 그리스도 안에서 모든 민족이 서로 축복하며 화해하는 것이다. 우리는 이러한 하나님의 목적이 개인의 마음의 변화를 통해 자신들과 다른 문화적 정체성을 가진 사람들에 대한 사랑으로 채워질 때에만 성취될 수 있음을 확언한다.

78. 우리는 전 세계에서 심각한 갈등이 줄어들고, 소외된 공동체가 화해하고 화합하는 많은 기회를 얻게 된 것을 함께 기뻐한다. 전 세계적인 분쟁 가운데 북아일랜드 분쟁, 남아프리카공화국의 인종분리정책(apartheid), 르완다 대학살, 그리고 스리랑카 내전이 그 실례이다. 우리는 이러한 상황에서 하나님이 교회, 기독교 단체, 그리고 그리스도인들을 분쟁

당사자들 간의 최전선의 평화 중재자(frontline peacemakers)나 분쟁의 배후에서 협상과 영향력과 중보기도를 통해 평화의 대의를 옹호하는 데 사용하셨음을 경축한다.

79. 우리는 전 세계 모든 지역에서 인종 간, 종교 간, 그리고 국제적 차원에서 새로운 무력 분쟁과 전쟁이 발발하고 있다는 사실에 깊은 슬픔을 느낀다. 현재 전 세계에서 벌어지고 있는 100건이 넘는 무력 분쟁 중 가장 집중적으로 발생하고 있는 곳은 중동과 아프리카 지역이다. 현재로서는 러시아-우크라이나 전쟁(Russia-Ukraine war)과 가자지구 전쟁(the war in Gaza)이 가장 많은 언론의 주목을 받고 있지만, 시리아, 미얀마, 수단, 에티오피아의 심각한 분쟁은 거의 언급되지 않는다. 또한 우리는 전 세계, 특히 한반도에서 벌어지고 있는 '잊힌 전쟁'(forgotten wars)에 대해서도 잘 알고 있다. 비록 그런 지역의 분쟁이 대중의 시야에서 벗어나 있지만, 하나님은 그들을 주목하신다. 우리는 이러한 전쟁으로 인한 비극적인 인명 손실과 미래 세대가 번영할 기회를 박탈하는 사회의 막대한 파괴를 슬퍼한다.

**우리는 지속적으로 침묵하고 민족주의를 조장하거나
신학적 정당성이 결여된 갈등을 부당하게 지지함으로써
폭력을 규탄하고 제지하지 못한 것을 회개한다**

80. 우리는 단지 경제적, 정치적 이익을 위해 분쟁과 전쟁을 조

장하고 세계 문제에 영향력을 행사하는 사람들을 규탄한
다. 우리는 그들의 행동이 초래한 엄청난 고통에 슬픔을 느
낀다. 우리는 그들이 심판의 날에 하나님 앞에서 책임을 져
야 할 것이라고 확신한다.

81. 우리는 모든 그리스도인이 자원을 모아서 분쟁 지역 근처
에 있는 교회와 인도주의 단체의 구호 활동을 지원함으로
써 전쟁 상황에 취약한 사람들을 섬길 것을 촉구한다. 또한
우리는 분쟁 종식을 위한 협상을 지원하고, 무고한 폭력 희
생자들을 위한 정의와 배상을 촉구함으로써 평화의 중재
자(peacemakers)로 섬길 것을 약속한다.

82. 역사상 다양한 시기에 그리스도인들이 폭력과 전쟁을 조
장했을 뿐만 아니라 그러한 잔혹한 상황에서도 예언자적
진실성과 용기를 가지고 말하기보다는 침묵을 지켰다. 이
는 다음과 같이 케이프타운 서약에 잘 나타나 있다.

"우리는 그리스도인들이 종족 간 폭력과 억압이라는 가장
파괴적인 상황에서 공범자가 된 것과 그러한 분쟁이 일어
날 때 수많은 교회들이 통탄할 정도로 침묵하는 것을 슬픔
과 부끄러운 마음으로 인정한다. 그러한 상황은 인종주의
와 흑인 노예제, 유대인 학살, 인종분리주의, '인종 청소',
그리스도인들의 종파 간 폭력, 원주민 학살, 종교·정치·종
족 집단 간의 폭력, 팔레스타인 사람들의 고통, 카스트 제
도의 억압, 종족 학살과 같은 역사와 유산을 포함한다."[9]

---

9 제3차 로잔 대회 공식 문서인 '케이프타운 서약' 2부 IIB(분열되고 깨어진 세상 속에서 그
리스도의 평화를 이루기) 2A(종족 갈등 속의 그리스도의 평화)를 참조하라.

83. 우리는 "그리스도인들이 침묵, 무관심, 중립을 지킨다는 핑계, 또는 잘못된 신학적 정당화를 통해 그러한 악과 수없이 공모했던 일에 대해 회개를 촉구"하는 케이프타운 서약을 상기한다. 이러한 잘못된 신학적 정당화의 대부분은 성경이 말하는 '나라'(nations)와 현대의 '민족 국가'(nation-state) 간의 차이를 구별하지 못하고, 민족에 관해 성경적으로 생각하지 않는 데서 비롯된다.

성경에서 '나라'는 느슨하게 정의된 영토에 대한 역사적 애착, 왕을 통해 구민에 대한 통치를 행사하는 신(또는 신들)을 숭배함으로써 정체성이 형성된 문화적으로 구별되는 민족이었다. 이와 대조적으로 '민족 국가'(또는 현대적 의미의 '국가')는 국경이 명확하게 구분된 영토와 그 안에 거주하는 개인과 민족에 대해 헌법이 정한 제도와 법률에 따라 국제적으로 인정된 정치적 주권을 행사하는 정부를 말한다.

대부분의 현대 민족 국가는 여러 민족, 즉 국적만이 아니라 민족, 인종, 출신 국가, 그리고 현대 세계를 풍요롭게 하는 다른 여러 형태의 복합적 정체성으로부터 집단 정체성을 도출하는 국경 내 집단을 통치한다. 정체성의 측면에서 볼 때, 문화적으로 구별되는 이런 집단은 종종 현대 국가보다는 성경의 '나라'를 형성한 민족에 더 가깝다. 우리는 모든 현대 국가가 주권을 행사하는 개인과 민족은 물론 이웃 국가에 대해서도 공정하고 자비로운 대우를 해야 한다는 신적 요구에 대해 책무가 있음을 확언한다.

84. 성경 속의 민족들(예를 들어, 이스라엘 백성, 이집트인, 시리아인)이 현대 국가들(예를 들어, 이스라엘, 이집트, 시리아)이나 국가의 정치적 주권 아래 사는 민족(유대인, 팔레스타인인, 아랍인, 콥트인, 드루즈인, 아르메니아인, 쿠르드인)과 이름, 역사, 지리, 그리고 혈통으로 연관될 때, 그리스도인들이 이에 대해 명확히 고려하는 것은 매우 중요하다. 하나님은 메시아 예수님의 복음을 통해 유대인과 이방인을 포함하여 모든 민족에게 하신 약속을 성취하고 계신다. 중동과 다른 지역에서 기독교 지도자들은 무고한 민간인에 대한 부당한 폭력을 이념적으로 정당화하거나 인도주의 국제법의 위반을 정당화하려는 신학적 오류를 바로잡기 위해 노력해야 한다.

85. 우리는 일부 그리스도인들이 세상을 향한 하나님의 의도를 실현하기 위한 핵심 수단으로 복음보다는 국가를 고려하는 것을 개탄한다. 이는 특히 민족주의(nationalism, 모든 국가는 단일한 국가 문화만을 가져야 하고 다른 국가는 없어야 한다는 신념)나 민족국가주의(ethnonationalism, 모든 민족은 고유한 국가를 가져야 한다는 신념)와 결합할 때, 유감스러운 형태를 취한다. 이것은 우리 세계의 큰 악이다. 우리는 많은 그리스도인이 슬프게도 민족주의와 민족 및 인종우월주의를 조장하는 주장에 연루되어 있음을 애통한다. 이에 반대하여 우리는 어떤 현대 국가도 하나님의 구원 통치의 특별한 대리인이라고 주장할 수 없으며, 앞으로도 주장할 수 없을 것이라고 단언한다.

우리는 예수 그리스도의 복음이 모든 민족에게
참된 평화를 가져올 수 있도록 전 세계의 분쟁 중인
민족들을 위해 기도하고 섬기는 데 헌신한다

86. 우리는 대한민국 서울-인천[10]에서 열리는 이 역사적인 대회를 위해 모이면서, 정치적으로 강제 분단된 북한과 남한에 그리스도의 평화와 빛이 한반도와 그 국민 위에 임하도록 기도할 것을 다짐한다. 이 부당한 분단과 수백만 민간인의 죽음과 트라우마는 '잊힌 전쟁'으로 알려져 있다. 1953년 휴선에도 불구하고, 분생은 여전히 해결되지 않았고, 화해와 긴장이 고조되는 악순환 속에서 불안정은 오늘날까지 계속되고 있다. 그럼에도 불구하고, 우리는 언젠가 남북한(Korea)이 하나 되고 남북한 국민이 하나 되기를 계속 기도하고 있다.

우리는 북쪽의 국민들 가운데 일어난 1907년 평양대부흥운동(the great Pyongyang Revival of 1907)을 기억하며, 북한 정부의 기독교 형제자매들에 대한 박해가 종식되기를 촉구한다. 우리는 하나님이 오랫동안 헤어진 가족, 공동체, 그리고 교회의 회복을 위해 문을 여시고, 다시 한 번 북한에서 방해나 두려움 없이 예수 그리스도의 복음이 담대히 선포되고 구현되어 한반도 전체가 주님을 알 수 있도록 세계 교회가 함께 기도해 줄 것을 요청한다.

---

10 제4차 로잔 대회 공식 명칭에 "Seoul-Incheon"이 명기되어 있다.

87. 우리는 전 세계 모든 그리스도인이 전쟁과 분쟁의 공포에
직면한 사람들을 위해 중보하고, 박해받는 교회를 위해 기
도하며, 민족과 국가 가운데 평화를 위해 노력할 것을 요청
한다. 우리는 평화의 중재자로서 그리스도의 평화를 모범
적으로 보여 주는 기독교 공동체를 세우고, 복음을 믿고 선
포하는 중요한 실천으로서 평화의 문화를 장려해야 한다.
이를 통해 우리는 갈등으로 인해 깊은 상처를 입은 세상에
서 함께 그리스도를 선포하고 나타낼 수 있다.

7

기술

VII

| 기술 |

우리가 분별하고 관리하는 가속화되는 혁신[11]

기술은 항상 우리와 함께해 왔다. 하지만 오늘날 모든 기술의 발전 속도는 전례 없이 빠르다. 언제나 그렇듯이, 인간의 잠재력과 인간 행동의 급격한 변화는 사회와 지구에 미치는 영향 측면에서 도덕적, 윤리적 우려를 불러일으킨다. 현대의 여러 혁신은 인간과 기술의 결합 또는 인간이 기술의 지배를 받을 수도 있는 몰입 환경(immersive environments)을 조성하는 데 적합하다. 이러한 잠재력은 유전공학, 복제, 생명공학, 마인드 업로드, 디지털 미디어, 가상현실, 그리고 인공지능과 같은 분야에서 발생한다.

기독교 세계관은 이러한 기술 발전에 대한 우리의 대응과 청지기직을 알려 준다. 성경적 지혜는 교회가 복음 전도와 제자도를 가속화하는 방법을 포함하여 하나님이 주신 인간의 창의성과 혁신의 열매를 포용하고 관리할 때에도 신흥 기술의 도덕적, 윤리적 함의에 관하여 분별력 있게 대처하고 분명하게 판단하는 데 필수적이다.

---

11 7부(기술)에 관한 자세한 설명은 《로잔 주제 연구 보고서》 76번 "Christian Faith and Technology"를 참조하라. 이 문서는 제4차 로잔 대회를 앞두고 로잔신학위원회가 작성한 서울 선언을 위한 기초 문서이다.

기술적 능력은 하나님의 형상대로 창조된
인간의 창조성을 반영한다

88. '기술'은 인간의 능력과 생산성을 향상하는 데 도움이 되는 도구뿐 아니라, 발명과 혁신에 관한 지식과 그 과정, 그리고 나아가 기술 개발과 활용에 의해 형성된 문화를 언급한다. 인간의 창의성이 하나님의 창조성을 반영하기 때문에, 우리는 기술 혁신이 하나님의 형상을 표현하는 것이라고 확언한다. 하나님은 인간을 기술적인 존재, 즉 인류의 번영을 촉진하고 하나님의 피조물을 돌볼 수 있도록 세상을 재구성하는 존재로 창조하셨다.

하나님의 형상을 반영하는 기술은 창조주가 모든 인간을 부르신 일과 직업에 필수적인 요소이다. 이런 의미에서 기술 활동은 특정 문제를 해결하거나 인간의 한계를 극복하는 것뿐만이 아니다. 더 중요한 것은 이웃과 세상을 돌보고 우리의 창조적 능력으로 창조주께 영광을 돌리라는 하나님의 명령에 순종하는 것이다.

죄는 기술의 사용과 발전에 악영향을 미친다

89. 우리는 죄가 인간 활동의 모든 측면에 영향을 미치므로, 죄의 영향은 기술의 사용뿐 아니라, 경우에 따라서는 혁신 자체에도 영향을 미친다는 것을 확언한다. 그러므로 우리는 기술 개발과 사용이 교묘하게 인간의 번영과 자연 세계에

대한 돌봄을 방해할 수 있음을 인정한다. 이러한 이유로 기술 혁신은 종종 깊은 불안감, 잘못된 의존과 집중, 인간의 두려움을 악용하는 조작, 거짓 안정감, 또는 비인간적인 표현을 야기하기도 한다. 죄의 영향으로 인해 기술은 종종 창조주보다 피조물을 숭배함으로써 우상 숭배의 대상이 된다(롬 1:25).

90. 최근의 많은 혁신으로 인해 기술 발전 양상은 우리의 삶과 사회, 그리고 교회에서 훨씬 광범위하게 나타났다. 기술은 우리의 몰입 환경(immersive environment)을 조성하는 능력을 갖추고 있기 때문에, 우리가 하나님 안에서 '살고 움직이며 존재한다'는 사실을 쉽게 망각하게 한다. 모든 기술 개발과 적용은 가치관에 의해 동기가 부여되고 형성되며, 그중 많은 부분이 참되고 고귀하며 칭찬받을 만한 것에 적극적으로 집중하라는 성경의 권고와 상반된다(행 17:28; 빌 4:8).

그리스도인은 기술을 예언자적으로 비판하고 관여하도록 부름 받았다

91. 우리는 미디어 기술로 인해 사람들이 쉽게 속을 수 있는 가능성이 높아졌음을 인식한다. 우리는 그리스도인들이 이러한 기술을 사용하는 가운데 항상 '은밀하고 부끄러운 방법을 포기'하거나 청중을 속이거나 개인적인 이익을 위해 복음의 메시지를 왜곡하려는 유혹에 저항하지 않았다는

사실을 애통한다. 그리스도인들은 사람을 우선시하고 진실하게 이야기를 나누며 그들의 삶에서 복음의 능력을 증언해야 한다. 이러한 미디어와 커뮤니케이션 기술의 사용은 복음을 공유하는 가운데 나타나는 진실성이 필수적으로 뒷받침되어야 한다(고후 4:2).

92. 우리는 많은 그리스도인, 특히 젊은이들이 소셜 미디어와 디지털 미디어에 중독되어 있으며, 기술을 사용하는 시간이 불균형적으로 많기 때문에 사실상 그것들을 '추종하고'(discipled) 있음을 인식한다. 또한 우리는 디지털 기술이 교회 성장과 복음 전도의 목적을 위해 종종 사용되었지만, 제자 훈련을 위한 노력은 뒤처졌음을 인식한다. 따라서 우리는 모든 교회와 지도자들이 디지털 시대의 기술을 제자 훈련에 활용할 것을 요청한다. 우리는 디지털 공간에서 신실한 현존, 연결된 기기를 통한 신실한 상황화, 신실한 디지털 문해 교육, 그리고 건전한 사용 습관 형성을 위한 신실한 환대의 실천을 요청한다.

그리스도인은 자연이나 인간 본성이 인간의 자유를 제한하도록 허용해서는 안 된다는 생각에 근거하여 기술을 분별해야 한다

93. 우리는 인간의 신체와 생명의 구성 요소를 재구성하는 인간의 능력 강화에 기반을 두며, 윤리적 사용과 장기적 영향

에 관해 매우 실제적인 의문을 제기하는 유전자 기술을 신중하게 분별할 것을 그리스도인들에게 촉구한다. 복잡한 의학적 문제를 다루는 유전자 치료의 잠재력은 엄청나지만, 유전자 기술의 적용에는 다음과 같은 중요한 질문들이 따른다. 우리는 유전자의 산물에 불과한 존재로 전락할 것인가? 유전 가능한 유전자 변형의 함의는 무엇인가? 우리 인간성의 얼마나 많은 부분이 유전자 조합과 연관되어 있으며, 만일 우리가 유전자 조합에서 벗어나 재구성될 경우 어떤 함의가 있는가? 이러한 질문들은 하나님의 주권에 대한 우리의 굴복과 그러한 기술 접근 및 기존의 차별을 악화시킬 수 있는 잠재력에 관한 추가적인 윤리적 질문을 제기한다.

94. 또한 우리는 그리스도인들에게 인공지능 기술을 분별할 것을 촉구한다. 인공지능 기술은 우리에게 다른 방식으로 다가오지만 결코 덜 중요하지 않다. 인간 특유의 사고와 행동, 그리고 우리가 인간적이라고 여기는 방식으로 추론하고 행동하는 것처럼 보이는 디지털 시스템의 발전은 인간의 창의성과 합리성의 고유성에 대해 의문을 제기한다.

인공지능은 또 다른 질문을 제기한다. 인공지능이 인류와 더 넓은 세계에 실존적 위협이 될 것인가? 인공지능이 일터와 인간의 업무에 어떤 영향을 미칠 것인가? 그리고 정부와 여타 기관들이 감시 및 보안 상황에서 인공지능을 어떻게 활용할 것인가? 인공지능의 혁신이 가속화됨에 따라,

우리는 그리스도인, 특히 이 산업에 종사하는 그리스도인
들이 안전하고 공평하며 존엄에 기반한 적용을 장려함으
로써 창조주와 인간의 창조성을 존중하는 기술 개발과 사
용에 모두 관여할 것을 촉구한다.

그리스도인은 기술을
신실하게 관리하도록 부름 받았다

95. 우리는 모든 그리스도인이 하나님 앞에서, 그리고 다른 사
람들을 향해 사랑과 정의와 신실함으로 기술을 혁신하고
사용할 것을 촉구한다. 우리는 기술이 인간이 살아가고, 놀
이를 하며, 관계를 맺고, 일하는 환경은 물론 그리스도인들
이 서로 교제하고 기도하며, 성경을 읽고 신앙과 인격이 성
장하며, 하나님을 예배하고 복음을 나누는 방식을 형성한
다는 것을 인식한다. 따라서 기독교적 기술 개발과 사용은
새 하늘과 새 땅에서 우리를 기다리고 있는 미래를 더욱 온
전히 직시하며 이웃과 원수의 복지를 추구하고 인간의 번
영과 존엄성을 증진해야 한다(미 6:8; 눅 10:25-37; 창 9:6; 약 3:9;
창 1:31; 계 21:1-8).

96. 오늘날 교회 공동체 안에서 디지털 기술이 논의되고 적용
됨에 따라, 우리는 디지털 기술에 의해 형성된 기존 교회
의 실천과 함께 새로운 교회의 실천적 양상이 나타나는 것
을 목격한다. 교회는 디지털 기술이 획일적이지 않다는 점

을 인식하고, 분별력을 발휘하여 다양한 기술을 언제, 어떻게, 어디에 도입해야 하는지를 판단해야 하며, 항상 그 사용 과정에서 예수 그리스도의 복음이 선포되고 존중되는 방식에 초점을 맞춰야 한다. 따라서 우리는 그리스도인과 교회가 하나님을 예배하고, 분열을 해소하며, 그리스도를 고양하는 문화를 형성하고, 기독교 제자도 사역을 위해 디지털 기술을 탐구하고 적용할 것을 촉구한다.

97. 마지막으로, 우리는 기술 적응력을 높이고 복음을 전할 수 있는 선례 없는 기회와 연결된 교회의 복음 전도 활동에 박수를 보낸다. 우리는 기술이 이전에는 접근할 수 없던 세계 여러 지역으로 복음의 범위를 넓히고, 성경 번역 사역을 촉진하며, 전 세계 하나님 백성의 이동과 사역을 촉진하는 데 기여한 것을 기쁘게 생각한다. 우리는 점점 더 기술 중심이 되어 가는 세상에서 복음으로 동기를 부여받은 신실한 기술의 청지기가 새로운 세대로 하여금 그리스도를 따르고 증언하게 하는 데 도움이 되기를 기도한다.[12]

---

12 《로잔 주제 연구 보고서》 76번 "Christian Faith and Technology"를 참조하라. https://lausanne.org/occasional-paper/christian-faith-and-technology.

| 결론 |

우리는 십자가에 못 박히시고 부활하신 만유의 주 예수께서 우리에게 맡기신 선교라는 고귀하고 거룩한 목적을 가지고 제4차 로잔 대회를 위해 대한민국 인천에 모였다. 복음 안에서 하나님은 모든 사람이 죄에서 돌이켜 죄 사함을 통해 새 생명의 선물을 받도록 부르신다. 하나님은 복음을 통해 교회를 세우시고, 모든 민족이 그리스도 안에서 하나님과 화해하고 서로 화해하여 거룩한 한 백성을 이루려는 목적을 이루신다.

우리는 복음으로 주 예수님의 제자가 되어 그분의 구원의 통치 아래 누리는 자유를 기뻐한다. 우리는 복음으로 제자 삼고 그들에게 그리스도의 계명에 순종하도록 가르친다. 이것이 우리의 소명이며 대의이다. 이러한 목적으로 우리는 하나님이 우리에게 맡기신 은사, 자원, 에너지, 그리고 우리의 생명을 기꺼이 하나님께 돌려 드린다. 우리의 수고로 인한 모든 열매가 그분의 은혜의 성취임을 우리는 겸손히 고백한다.

우리는 성경을 통해 우리에게 말씀하시고 성령의 능력으로 십자가의 길을 따르라고 부르시는 우리 주님의 음성을 듣는다. 우리는 그리스도의 죽음과 부활의 좋은 소식으로 절정에 이르는 이야기 안에서 살아가고, 그분이 만물의 주님이심을 모든 사람이 알 수 있도록 우리의 생명을 드리라는 주님의 부르심을 듣는다. 이를 위해 우리는 그분의 권위 있는 말씀을 충실히 해석하는 사람이 되라는 부르심을 듣는다.

우리는 그리스도의 교회의 유일한 가시적 표현인 지역 교회, 즉 모든 장소와 시간에서 그리스도에 대한 믿음으로 형성되고 택함 받은 백성으로서 지역 교회에 대한 새로운 헌신으로 우리를 부르시는 그분의 부르심을 듣는다. 우리는 삶으로 진리를 증거한 남성과 여성에 의해 한 세대에서 다음 세대로 전해진 사도적 신앙에 대한 새롭고 오래된 도전에 직면하여 우리를 신실함으로 부르시는 그분의 부르심을 듣는다. 그리스도를 따르기 위해 우리는 그들(사도들의 신앙 고백)을 따른다.

우리는 그분이 우리를 사랑하신 것처럼 사랑하고, 이기적인 야망을 버리고, 복음의 동역자로 일하며, 그분의 영과 뜻과 길과 말씀에 대한 지식을 기도로 의지하는 가운데 매일 성장하면서 새로운 헌신을 다짐하며 우리가 섬기는 세계 곳곳으로 돌아간다.

홀로 세상의 소망과 빛 되시는 예수 그리스도의 위대하심을 한목소리로 선포하자. 죄인을 위해 자신을 내어 주신 그분의 거룩하심과 사랑을 한마음으로 나타내자. 우리는 교회로서 함께 그리스도를 선포하고 나타내자!

**"오 하나님, 우리를 도우소서!
성부와 성자와 성령의 이름으로 기도합니다."**

| 부록 |

I

로잔 언약

(1974)

I

| 로잔 언약 |

1974年

머리말

로잔에서 열린 세계 복음화 국제 대회에 참가하기 위해 150여 개 나라에서 온 예수 그리스도의 교회의 지체인 우리는 그 크신 구원을 주신 하나님을 찬양하며, 하나님의 위대하신 구원으로 인해 그분을 찬양하며 우리로 하나님과 교제하고 서로 교제하게 하심을 기뻐한다. 우리는 하나님이 우리 시대에 행하시는 일에 깊은 감동을 받으며, 우리의 실패를 통회하고 아직 끝나지 않은 복음화 과업에 도전을 받는다. 우리는 복음이 온 세상을 위한 하나님의 좋은 소식임을 믿고 이 복음을 온 인류에게 선포하여 모든 민족을 제자 삼으라고 분부하신 그리스도의 명령에 순종할 것을 그분의 은혜로 결심한다. 이에 우리는 우리의 신앙과 결단을 확언할 것을 열망한다.

1. 하나님의 목적

우리는 세상의 창조주이시며 주 되신 영원한 한 분 하나님, 곧 성부, 성자, 성령에 대한 우리의 신앙을 확신한다. 하나님은 그분의 뜻과 목적에 따라 만물을 통치하신다. 그분은 자기를 위해 세상으로부터 한 백성을 불러내시고 다시 그들을 세상으로 보내시어 그분의 나라를 확장하며, 그리스도의 몸을 세우고, 그분의 이름의 영광을 위해 그분의 부름 받은 백성을 그분의 종과 증인이 되게 하신다.

우리는 종종 세상에 동화되거나 세상으로부터 도피함으로 우리의 소명을 부인하고 우리의 사명을 실천하는 데 실패하였음을 부끄럽게 생각하며 이를 고백한다. 그러나 비록 질그릇에 담겼을지라도 복음은 귀중한 보배임을 기뻐하며 성령의 능력으로 이 보배를 널리 선포하는 일에 우리 자신을 새롭게 헌신한다.

[사 40:28; 마 28:19; 엡 1:11; 행 15:14; 요 17:6, 18; 엡 4:12; 고전 5:10; 롬 12:2; 고후 4:7]

2. 성경의 권위와 능력

우리는 신구약성경이 하나님의 영감으로 기록되었음을 믿으며, 그 진실성과 권위를 믿는다. 성경 전체는 기록된 유일한 하나님의 말씀으로서, 그 모든 가르치는 바에 전혀 오류가 없으며, 신앙과 실천의 유일하고도 정확 무오한 척도임을 믿는다. 우리는 또한 그분의 구원 목적을 이루는 말씀의 능력을 확신한다. 성경 말씀은 온 인류를 위한 것이다. 그리스도와 성경에 나타난 하나님의 계시는 불변하기 때문이다.

성령은 오늘도 그 계시를 통해 말씀하신다. 성령은 어떤 문화

에서도 모든 하나님 백성의 마음을 조명하여 그들의 눈으로
이 진리를 새롭게 보게 하시고, 하나님의 각종 지혜를 온 교회
에 더욱더 풍성하게 나타내신다.

[딤후 3:16; 벧후 1:21; 요 10:35; 사 55:11; 고전 1:21; 롬 1:16; 마 5:17-18; 유 1:3; 엡
1:17-18, 3:10, 18]

3. 그리스도의 유일성과 보편성

우리는 복음 전도의 방법은 다양하지만 구세주는 오직 한 분
이시며 복음도 오직 하나임을 확신한다. 우리는 자연에 나타
난 하나님의 일반 계시를 통해서 모든 사람이 하나님에 관한
어느 정도의 지식을 갖고 있음을 인정한다. 그러나 우리는 사
람이 이것으로 구원받을 수 있다는 주장은 부인한다. 이는 사
람이 자신의 불의로써 진리를 억압하고 있기 때문이다. 우리
는 또한 모든 종류의 혼합주의를 거부하며, 그리스도가 어떤
종교나 어떤 이데올로기를 통해서도 동일하게 말씀하신다는
식의 대화는 그리스도와 복음을 손상시키므로 거부한다.

유일한 신인(神人)이신 예수 그리스도는 죄인을 위한 유일한
대속물로 자신을 주셨고, 하나님과 사람 사이의 유일한 중보
자이시다. 예수님 외에 우리가 구원받을 다른 이름은 없다. 모
든 사람은 죄로 인해 멸망할 수밖에 없다. 그러나 하나님은 모
든 사람을 사랑하시기 때문에 한 사람도 멸망하지 않고 모두
가 회개할 것을 원하신다. 그럼에도 불구하고 그리스도를 거
절하는 자는 구원의 기쁨을 거부하며 스스로를 정죄함으로

써 하나님으로부터 영원히 분리된다.

예수님을 '세상의 구주'로 전하는 것은 모든 사람이 자동적으로나 궁극적으로 구원받게 된다는 말이 아니며, 또 모든 종교가 그리스도 안에 있는 구원을 제공한다고 보장하는 것은 더욱 아니다. 예수님을 '세상의 구주'로 전하는 것은 오히려 죄인들이 사는 세상을 향해 하나님의 사랑을 선포하는 것이며, 마음을 다한 회개와 인격적인 믿음의 결단을 통해 예수님을 구원자와 주로 영접하도록 모든 사람을 초청하는 것이다. 예수 그리스도는 다른 모든 이름 위에 높임을 받으셨다. 우리는 모든 사람이 그 앞에 무릎을 꿇고 모든 입이 그분을 주로 고백하는 날이 오기를 고대한다.

[갈 1:6-9; 롬 1:18-32; 딤전 2:5-6; 행 4:12; 요 3:16-19; 벧후 3:9; 살후 1:7-9; 요 4:42; 마 11:28; 엡 1:20-21; 빌 2:9-11]

4. 복음 전도의 본질

복음 전도는 좋은 소식을 널리 전파하는 것이며, 좋은 소식은 예수 그리스도가 성경대로 우리 죄를 위해 죽으시고, 죽은 자들 가운데서 다시 살아나신 것과, 만물을 통치하시는 주로서 지금도 회개하고 믿는 모든 사람의 죄를 용서하시고, 우리를 자유하게 하시는 성령의 은사를 공급하신다는 것이다.

전도하기 위해 그리스도인이 이 세상에 존재하는 것은 필수 불가결하며, 상대방을 이해하려면 상대방의 이야기를 경청하는 대화도 매우 중요하다. 그러나 복음 전도 자체는 사람들로 하여금 그리스도께 인격적으로 나아와 하나님과 화해하도록 설득하기 위해, 역사적이고 성경적인 그리스도를 구원자와 주로 선포하는 것이다. 복음에 초대할 때 우리는 제자도의 대가를 치러야 한다는 사실을 무시해서는 안 된다. 예수님은 여전히 그분을 따르는 모든 사람으로 하여금 자기를 부인하고, 자기 십자가를 지고, 그들이 새로운 공동체에 속하였음을 분명히 하도록 부르신다. 복음 전도의 결과는 그리스도께 대한 순종과 그분의 교회로의 연합, 그리고 세상에서의 책임 있는 섬김을 포함한다.

[고전 15:3-4; 행 2:32-39; 요 20:21; 고전 1:23; 고후 4:5, 5:11, 20; 눅 14:25-33; 막 8:34; 행 2:40, 47; 막 10:43-45]

5. 그리스도인의 사회적 책임

우리는 하나님이 모든 사람의 창조주이시요, 동시에 심판자이심을 믿는다. 그러므로 우리는 인간 사회 어느 곳에서나 정의와 화해를 구현하고 인간을 모든 종류의 억압으로부터 해방시키시려는 하나님의 관심에 동참해야 한다. 사람은 하나님의 형상대로 창조되었기 때문에 인종, 종교, 피부색, 문화, 계급, 성 또는 연령의 구별 없이 모든 사람은 천부적 존엄성을 지니고 있으며, 따라서 누구나 존경받고 섬김을 받아야 하며 착취당해서는 안 된다. 이 사실을 우리는 등한시해 왔고, 때로 복음 전도와 사회 참여를 서로 상반된 것으로 여겼던 것을 뉘

우친다.

물론 사람과의 화해가 곧 하나님과의 화해는 아니며 또 사회 참여가 곧 복음 전도일 수 없으며 정치적 해방이 곧 구원은 아닐지라도, 우리는 복음 전도와 사회 정치적 참여는 우리 그리스도인의 의무의 두 부분임을 확언한다. 이 두 부분은 모두 하나님과 인간에 대한 우리의 교리, 이웃을 향한 우리의 사랑, 그리고 예수 그리스도에 대한 우리의 순종을 나타내는 데 필수적이다.

구원의 메시지는 모든 소외와 억압과 차별에 대한 심판의 메시지를 내포한다. 그러므로 우리는 악과 불의가 있는 곳 어디에서든지 이것을 고발하는 일을 두려워해서는 안 된다. 사람이 그리스도를 영접하면 하나님 나라 백성으로 거듭난다. 따라서 그들은 불의한 세상 속에서 그 나라의 의를 나타낼 뿐만 아니라 그 나라의 의를 전파하기에 힘써야 한다. 우리가 선포하는 구원은 우리로 하여금 개인적 책임과 사회적 책임을 총체적으로 수행하도록 우리를 변화시켜야 한다. 행함이 없는 믿음은 죽은 것이다.

[행 17:26, 31; 창 18:25; 사 1:17; 시 45:7; 창 1:26-27; 약 3:9; 레 19:18; 눅 6:27, 35; 약 2:14-26; 요 3:3, 5; 마 5:20, 6:33; 고후 3:18; 약 2:20]

6. 교회와 복음 전도

하나님 아버지께서 그리스도를 세상에 보내신 것같이, 그리스도 역시 그분의 구속받은 백성을 세상으로 보내신다는 것을 우리는 믿는다. 이 소명은 그리스도가 하신 것같이 세상 깊숙이 파고드는 희생적인 침투를 요구한다. 우리는 교회의 울타리를 헐고 비그리스도인 사회에 스며들어 가야 한다. 교회가 희생적으로 해야 할 일 중에서 복음 전도가 최우선이다. 세계 복음화는 온 교회가 온전한 복음을 온 세상에 전파할 것을 요구한다. 교회는 하나님의 우주적인 목적의 바로 중심에 서 있으며, 복음을 전파할 목적으로 하나님이 지정하신 수단이다.

그러나 십자기를 전하는 교회는 스스로 십자가의 흔적을 지녀야 한다. 교회가 만일 복음을 배반하거나, 하나님에 대한 산 믿음이 없거나, 혹은 사람에 대한 진실한 사랑이 없거나, 사업 추진과 재정을 포함한 모든 일에 있어 철저한 정직성이 결여될 때, 교회는 오히려 복음 전도의 장애물이 되어 버린다. 교회는 하나의 기관이라기보다 하나님 백성의 공동체이다. 따라서 어떤 특정한 문화적·사회적 또는 정치적 체제나 인간의 이데올로기와 동일시되어서는 안 된다.

[요 17:18, 20:21; 마 28:19-20; 행 1:8, 20:27; 엡 1:9-10, 3:9-11; 갈 6:14, 17; 고후 6:3-4; 딤후 2:19-21; 빌 1:27]

7. 복음 전도를 위한 협력

교회가 진리 안에서 가시적으로 일치를 이루는 것이 하나님의 목적임을 우리는 확신한다. 복음 전도는 또한 우리를 하나가 되도록 부른다. 이는 우리의 불일치가 우리가 전하는 화해의 복음을 손상시키는 것같이, 우리의 하나 됨은 우리의 증거를 더욱 힘 있게 만들기 때문이다. 그렇지만 조직적인 일치단결은 여러 형태가 있고, 그것이 반드시 복음 전도를 진척시키지 않을 수도 있음을 인정한다. 그럼에도 불구하고 동일한 성경적 신앙을 소유한 우리는 교제와 사역과 복음 전도에 있어서 긴밀하게 일치단결해야만 한다.

우리의 증거가 때로는 죄악 된 개인주의와 불필요한 중복으로 인해 훼손되었던 것을 고백한다. 우리는 진리와 예배와 거룩함과 선교에 있어서 좀 더 깊은 일치를 추구할 것을 약속한다. 우리는 교회의 선교 사역을 확장하기 위해, 전략적 계획을 위해, 서로 격려하기 위해 그리고 자원과 경험을 서로 나누기 위해 지역적이며 기능적인 협력을 개발할 것을 촉구한다.

[요 17:21, 23; 엡 4:3-4; 요 13:35; 빌 1:27; 요 17:11-23]

8. 교회의 선교 협력

선교의 새 시대가 동트고 있음을 우리는 기뻐한다. 서구 선교의 주도적 역할은 급속히 사라지고 있다. 하나님은 신생 교회들 중에서 세계 복음화를 위한 위대하고도 새로운 자원을 불러일으키신다. 그렇게 해서 복음 전도의 책임은 그리스도의 몸 전체에 속해 있음을 밝히 보여 주신다. 그러므로 모든 교회는 자기가 속해 있는 지역을 복음화함과 동시에 세계의 다른 지역에도 선교사를 보내기 위해 무엇을 해야 하는지 하나님과 자신에게 질문해야 한다. 우리의 선교적 책임과 선교적 역할에 대한 재평가는 계속되어야 한다. 이렇게 해서 교회들 간의 협력은 더욱 강화될 것이며, 그리스도의 교회의 보편성은 더 분명하게 드러날 것이다.

우리는 또한 성경 번역, 신학 교육, 방송 매체, 기독교 문서 사역, 복음 전도, 선교, 교회 갱신, 기타 전문 분야에서 일하는 여러 단체들로 인해 하나님께 감사한다. 아울러 이런 단체들도 교회 선교의 한 사역자로서 그 효율성을 평가하기 위해 지속적인 자기 검토를 해야 한다.

[롬 1:8; 빌 1:5; 행 13:1-3; 살전 1:6-8]

9. 복음 전도의 긴박성

인류의 3분의 2 이상에 해당하는 27억 이상의 인구(1974년 자료)가 아직도 복음화되어야 한다. 우리는 이토록 많은 사람을 아직도 등한시하고 있다는 사실을 부끄럽게 생각한다. 이는 우리와 온 교회를 향해 끊임없이 제기되는 비판이다. 그러나 오늘날 세계 도처에서는 주 예수 그리스도에 대해 전례 없는 수용 자세를 보이고 있다. 지금이야말로 교회와 모든 선교 단체들이 복음화되지 못한 이들의 구원을 위해 열심히 기도하고, 세계 복음화를 성취하기 위한 새로운 노력을 시도해야 할 때임을 확신한다.

이미 복음이 전파된 나라에 있는 해외 선교사와 그들의 선교

비를 감축하는 일은 토착 교회의 자립심을 기르기 위해 혹은 아직 복음화되지 않은 지역으로 그 자원을 내보내기 위해 때로 필요한 경우가 있을 것이다. 선교사들이 겸손한 섬김의 정신으로 더욱더 자유롭게 육대주 전역에 걸쳐 교류해야 한다. 가능한 모든 수단을 총동원해서, 되도록 빠른 시일 안에 한 사람도 빠짐없이 이 좋은 소식을 듣고, 깨닫고, 받아들일 기회를 얻는 것이 목표이다. 희생 없이 이 목표를 성취하는 것을 기대할 수는 없다. 수많은 사람들이 겪는 빈곤에 우리 모두가 충격을 받으며, 이 빈곤의 원인인 불의에 대하여 분개한다. 우리 중에 풍요한 환경 속에 살고 있는 이들은 검소한 생활 양식을 개발해서 구제와 복음 전도에 보다 많이 공헌하는 것이 우리의 의무임을 확신한다.

[요 9:4; 마 9:35-38; 롬 9:1-3; 고전 9:19-23; 막 16:15; 사 58:6-7; 약 1:27, 2:1-9; 마 25:31-46; 행 2:44-45, 4:34-35]

10. 복음 전도와 문화

세계 복음화를 위한 전략 개발에는 상상력이 풍부한 개척 방법이 요청된다. 하나님의 뜻을 따라 전도한다면, 그리스도 안에 깊이 뿌리내리면서도 자신들의 문화에 적합하게 맞추어진 여러 교회들이 일어날 것이다. 문화는 항상 성경을 기준으로 검토되고 판단되어야 한다. 사람은 하나님의 피조물이기 때문에 인류 문화의 어떤 것은 매우 아름답고 선하다. 그러나 인간의 타락으로 인해 그 전부가 죄로 물들었고, 어떤 것은 악마적이기도 하다.

복음은 한 문화가 다른 어떤 문화보다 우월하다고 전제하지 않는다. 오히려 복음은 모든 문화를 그 자체의 진리와 정의의 표준으로 평가하고, 모든 문화에 있어서 도덕적 절대성을 주장한다. 지금까지의 선교는 복음과 함께 이국의 문화를 수출하는 일이 너무 많았고, 때로는 교회가 성경보다 문화에 속박되는 경우가 많았다. 그리스도의 복음 전도자는 다른 사람의 종이 되기 위해, 개인적인 순수성을 제외한 나머지 부분에서 겸손히 자신을 온전히 비우기를 힘써야 한다. 또한 교회는 문화를 변혁하고 풍요롭게 만들고자 애쓰되, 모든 것을 하나님의 영광을 위해서 해야만 한다.

[막 7:8-9, 13; 창 4:21-22; 고전 9:19-23; 빌 2:5-7; 고후 4:5]

11. 교육과 리더십

우리는 때로 교회 성장을 추구한 나머지 교회의 깊이를 포기하는 결과를 가져왔고, 복음 전도와 신앙적 양육을 분리해 왔음을 고백한다. 또한 우리 선교 단체들 중에는, 현지 지도자들이 그들의 마땅한 책임을 감당할 수 있도록 준비시키고 격려하는 일에 매우 소홀했음을 인정한다.

그러나 이제 우리는 토착화 원칙을 믿고 있으며 모든 교회가 현지 지도자들을 세워 지배자로서가 아닌 봉사자로서의 기독교 지도자상을 제시할 수 있기를 열망한다. 우리는 신학 교육, 특히 교회 지도자들을 위한 신학 교육이 개선되어야 할 필요가 있다는 점을 인정한다. 모든 민족과 문화권에서 교리, 제자도, 복음 전도, 교육 및 봉사의 각 분야에 목회자, 평신도를 위한 효과적인 훈련 프로그램이 수립되어야 한다. 그러한 훈련 프로그램은 틀에 박힌 전형적인 방법에 의존할 것이 아니라 성경적 기준을 따라 지역적인 독창성을 바탕으로 개발되어야 한다.

[골 1:27-28; 행 14:23; 딛 1:5, 9; 막 10:42-45; 엡 4:11-12]

12. 영적 전쟁

우리는 우리가 악의 권세들, 그리고 악한 능력들과의 부단한 영적 전쟁에 참여하고 있음을 믿는다. 그 세력들은 교회를 전복시키고 세계 복음화를 위한 교회의 사역을 좌절시키려고 한다. 우리는 하나님의 전신갑주로 자신을 무장하고, 진리와 기도의 영적 무기를 가지고 이 싸움을 싸워야 한다는 것을 안다. 우리는 교회 밖에서 잘못된 이데올로기를 통해서뿐만 아니라, 교회 안에서 잘못된 복음, 즉 성경을 왜곡시키며 사람을 하나님의 자리에 올려놓는 일을 통해서도 적들이 활동하는 것을 감지할 수 있기 때문이다. 따라서 우리는 성경적인 복음을 수호하기 위해 깨어 있어야 하며, 분별력을 갖고 있어야 한다.

우리는 우리 자신이 세속적인 생각과 행위, 즉 세속주의에 대항할 수 있는 면역력을 갖고 있지 않다는 사실을 인정한다. 예를 들면, 숫자적으로나 영적으로 교회 성장에 대해 주의 깊게 연구하는 것은 정당하고 가치 있는 일임에도, 우리는 종종 이런 연구를 게을리했다. 반면, 어떤 경우에는 복음에 대한 반응에만 열중한 나머지 우리의 메시지를 타협했고, 강압적 기교를 통해 청중을 교묘히 조종했고, 지나치게 통계에 집착한 나머지 통계를 부정직하게 기록하는 경우도 있었다. 이 모든 것이 세속적인 것이다. 교회는 세상 속에 있어야 하지만, 세상이 교회 속에 있어서는 안 된다.

| 엡 6:12; 고후 4:3-4, 엡 6.11, 13 10; 고전 10:3-5; 요일 2:18-26, 4:1-3; 갈 1:6-9; 고후 2:17, 4:2; 요 17:15]

13. 자유와 핍박

교회가 간섭받지 않으면서 하나님께 순종하고, 주 예수 그리스도를 섬기며, 복음을 전파할 수 있도록 평화와 정의와 자유를 보장해야 할 의무는 하나님이 모든 정부에게 지정하신 것이다. 그러므로 우리는 국가 지도자들을 위해 기도하며, 그들이 사상과 양심의 자유를 보장하고 하나님의 뜻을 따라, 그리고 유엔인권선언에 규정한 바와 같이 종교를 믿으며 전파할 자유를 보장해 줄 것을 요청한다.

우리는 또한 부당하게 투옥된 사람들, 특히 주 예수를 증거한다는 이유로 고난받는 우리 형제들을 위해 깊은 우려를 표한다. 우리는 그들의 자유를 위해 기도하며 힘쓸 것을 약속한다.

동시에 우리는 그들의 생명을 담보로 한 협박을 거부한다. 하나님이 우리를 도와주시기 때문에, 우리는 어떤 대가를 치르더라도 불의에 대항하고 복음에 충성하기를 힘쓸 것이다. 핍박이 없을 수 없다는 예수님의 경고를 우리는 잊지 않는다.

[딤전 2:1-4; 행 4:19, 5:29; 골 3:24; 히 13:1-3; 눅 4:18; 갈 5:11, 6:12; 마 5:10-12; 요 15:18-21]

14. 성령의 능력

우리는 성령의 능력을 믿는다. 아버지 하나님은 아들을 증거하라고 그분의 영을 보내셨다. 그분의 증거 없는 우리의 증거는 헛되다. 죄를 깨닫고, 그리스도를 믿고, 거듭나서 그리스도인으로 성장하는 이 모든 것은 성령의 역사이다. 뿐만 아니라 성령은 선교의 영이시다. 그러므로 복음 전도는 성령 충만한 교회에서 자발적으로 일어나야 한다. 선교적이지 않은 교회는 자기모순에 빠져 있는 것이요, 성령을 소멸하고 있는 것이다. 전 세계 복음화는 오직 성령이 교회를 진리와 지혜, 믿음, 거룩함, 사랑과 능력으로 새롭게 하실 때에만 실현 가능하게 될 것이다.

그러므로 우리는 모든 그리스도인에게 요청한다. 주권적인 하나님의 성령이 우리를 찾아오셔서 성령의 모든 열매가 그분의 모든 백성에게 나타나고, 그분의 모든 은사가 그리스도의 몸을 풍성하게 하기를 기도하기 바란다. 그때에야 비로소 온 교회가 하나님의 손에 있는 합당한 도구가 될 것이요, 온 땅이 하나님의 음성을 듣게 될 것이다.

[고전 2:4; 요 15:26-27, 16:8-11; 고전 12:3; 요 3:6-8; 고후 3:18; 요 7:37-39; 살전 5:19; 행 1:8; 시 85:4-7, 67:1-3; 갈 5:22-23; 고전 12:4-31; 롬 12:3-8]

15. 그리스도의 재림

우리는 예수 그리스도가 친히 권능과 영광 중에 인격적으로, 또 눈으로 볼 수 있게 재림하셔서 그분의 구원과 심판을 완성하실 것을 믿는다. 이 재림의 약속은 우리의 복음 전노에 박차를 가한다. 이는 먼저 복음이 모든 민족에게 전파되어야 한다고 하신 그분의 말씀을 우리가 기억하기 때문이다. 그리스도의 승천과 재림 사이의 중간 기간은 하나님 백성의 선교 사역으로 채워져야 한다고 우리는 믿는다. 그러므로 종말이 오기 전에는 우리에게 이 일을 멈출 자유가 없다. 우리는 또한 마지막 적그리스도에 앞서서 거짓 그리스도들과 거짓 선지자들이 일어나리라는 그분의 경고를 기억한다.

그러므로 우리는 인간이 이 땅 위에 유토피아를 건설할 수 있다는 생각은 오만한 자기 확신의 환상으로 간주해 이를 거부한다. 우리 그리스도인들은 하나님이 그분의 나라를 완성하실 것이요, 우리는 그날을 간절히 사모하며, 또 의가 거하고 하나님이 영원히 통치하실 새 하늘과 새 땅을 간절히 고대하고 있음을 확신한다. 그때까지 우리는 우리의 삶 전체를 지배하시는 그분의 권위에 기꺼이 순종함으로 그리스도와 사람들을 섬기는 일에 우리 자신을 다시 드린다.

[막 14:62; 히 9:28; 막 13:10; 행 1:8-11; 마 28:20; 막 13:21-23; 요 2:18, 4:1-3; 눅 12:32; 계 21:1-5; 벧후 3:13; 마 28:18]

맺음말

그러므로 이와 같은 우리의 믿음과 우리의 결심에 따라 우리는 온 세계 복음화를 위해 함께 기도하며, 계획하고, 일할 것을 하나님과 우리 상호 간에 엄숙히 서약한다. 우리는 다른 사람들도 이 일에 우리와 함께 동참할 것을 호소한다. 우리로 하여금 하나님의 영광을 위해 이 언약에 신실하도록 하나님이 그분의 은혜로 도와주시기를 기도한다. 아멘. 할렐루야!

Ⅱ

마닐라 선언

(1989)

Ⅱ

| 마닐라 선언 |

1989年

머리말

1974년 7월 스위스 로잔에서는 세계 복음화 국제 대회가 개최되었다. 그리고 이 대회에서 로잔 언약이 발표되었다. 1989년 7월에는 약 170개국에서 3,000여 명이 같은 목적으로 마닐라에 모여 마닐라 선언을 발표하게 되었다. 두 대회 사이의 기간인 15년 동안, "복음과 문화", "복음 전도와 사회적 책임", "검소한 생활 양식", "성령", "중생"과 같은 주제로 소규모 신학 협의회들이 모였다. 이런 회의와 거기에서 나온 보고서들은 로잔 운동에 관한 생각을 발전시키는 데 많은 도움을 주었다.

'선언'이란 신념과 의도와 동기를 선포하는 것을 의미한다. 마닐라 선언은 이번 대회의 두 개의 주제인 "그리스도께서 오실 때까지 그를 선포하라"와 "온 교회가 온 세상에 온전한 복음을 전하라는 부름"에 기초하여 작성되었다. 전반부는 21개 항목의 신앙적 고백(affirmations)으로 구성되었으며, 후반부는 12항목으로 주제를 설명했다. 교회들은 이 선언을 로잔 언약과 함께 연구하며 실천에 옮기기를 바란다.

21개 항의 고백

(1) 우리는, '로잔 언약'을 로잔 운동을 위한 협력의 기초로 삼아 계속 헌신할 것을 단언한다.

(2) 우리는, 하나님이 신구약성경에서 우리에게 하나님의 성품과 뜻, 그리고 그분의 구속 행위와 그 의미를 권위 있게 드러내실 뿐 아니라 선교를 명하고 계신 것을 단언한다.

(3) 우리는, 성경의 복음이, 하나님이 계속적으로 우리 세계에 주시는 메시지임을 확언하며, 이 복음을 변호하고, 선포하며, 이를 구체적으로 표현할 것을 단언한다.

(4) 우리는, 인간이 하나님의 형상대로 창조되었지만, 죄와 죄책이 있으며, 그리스도 없이 길을 잃었다는 사실이 복음을 이해하기에 앞서 알아야 할 진리임을 단언한다.

(5) 우리는, 역사적인 예수와 영광의 그리스도가 동일한 분이시며, 이 예수 그리스도만이 성육신하신 하나님이시요, 우리의 죄를 담당하시고, 죽음을 이기신 분이요, 재림하실 심판자이므로, 절대 유일한 분이심을 단언한다.

(6) 우리는, 예수 그리스도가 십자가에서 우리를 대신하여, 우리의 죄를 지고 죽으셨기 때문에 하나님은 이에 근거해서만 회개와 믿음으로 나오는 사람들을 값없이 용서하신다는 것을 단언한다.

(7) 우리는, 다른 종교나 이데올로기가 하나님께 나아가는 또

다른 길이라고 볼 수 없으며, 그리스도만이 유일한 길이기 때문에 그리스도로 말미암아 구속되지 않는다면 인간의 영성은 하나님께 이르는 것이 아니라 심판에 이른다는 것을 단언한다.

(8) 우리는, 하나님의 사랑을 구체적으로 표현하되, 정의와 인간의 존엄성, 그리고 의식주의 문제로 어려움을 당하고 있는 사람들을 돌아봄으로써 그 사랑을 실천적으로 입증해야 함을 단언한다.

(9) 우리는, 정의와 평화의 하나님 나라를 선포하고, 개인적인 것이든 구조적인 것이든 모든 불의와 억압을 고발하면서, 이 예언자적 증거에서 물러서지 않을 것을 단언한다.

(10) 우리는, 그리스도에 대한 성령의 증거가 복음 전도에 있어서 절대 필요하며, 따라서 성령의 초자연적인 역사 없이는 중생이나 새로운 삶이 불가능하다는 것을 단언한다.

(11) 우리는, 영적인 싸움을 위해 영적 무기가 필요하므로, 성령의 능력으로 말씀을 선포하며, 정사와 악의 권세를 이기신 그리스도의 승리에 참여할 수 있도록 항상 기도해야 함을 단언한다.

(12) 우리는, 하나님이 모든 교회와 모든 성도에게 그리스도를 온 세상에 알리는 과제를 부여하셨음을 믿기 때문에 평신도나 성직자나 모두가 다 이 일을 위해 동원되고 훈련되어야 함을 단언한다.

(13) 그리스도의 몸 된 지체라고 믿고 행하는 우리는 인종과 성(性)과 계층을 초월하여 성도의 교제를 나눠야 함을 단언한다.

(14) 우리는, 성령의 은사가 남자든 여자든 하나님의 모든 백성에게 주어져 있으므로, 복음 전도에 있어 동반자 협력을 통해 선을 이루어야 함을 단언한다.

(15) 우리는, 복음을 선포하는 사람들이 거룩함과 사랑을 생활 속에서 드러내야 함을 단언한다. 그렇지 않으면 우리의 증거는 그 신빙성을 잃게 될 것이다.

(16) 우리는, 모든 교회의 성도들이 자신이 속한 지역 사회에서 복음 증거와 사랑의 봉사로 눈을 돌려야 함을 단언한다.

(17) 우리는, 교회와 선교 단체 그리고 그 외 여러 기독교 기관들이 복음 전도와 사회 참여에 있어 경쟁과 중복을 피하면서 상호 협력하는 것이 절실히 필요함을 단언한다.

(18) 우리는, 우리가 사는 사회의 구조와 가치관과 필요 등을 이해하기 위해 이 사회를 연구하여 적절한 선교 전략을 개발해 나가는 것이 우리의 책임임을 단언한다.

(19) 우리는, 세계 복음화의 긴급성과 아울러 미전도 종족들에게도 복음 전도가 가능하다고 믿는다. 그러므로 우리는 20세기 마지막 10년 동안 세계 복음화라는 과업을 위해 새로운 결단으로 헌신할 것을 단언한다.

(20) 우리는, 복음으로 인해 고난받는 사람들과의 연대 의식
을 확인하며, 우리 역시 그와 같이 고난받을 가능성에 대
비해 우리 자신을 준비시키는 일에 힘쓸 것을 단언한다.
아울러 모든 곳에서의 종교적·정치적 자유를 위하여 일
할 것이다.

(21) 우리는, 하나님이 온 세상에 온전한 복음을 전하라고 온
교회를 부르고 계심을 단언한다. 그러므로 우리는 주님
이 오실 때까지 신실하고 긴급하게 그리고 희생적으로
복음을 선포할 것을 결의한다.

| 1부 | 온전한 복음

복음은 악의 권세로부터 하나님의 구원과 영원한 하나님 나
라의 건설, 그리고 하나님의 목적에 도전하는 모든 것에 대한
하나님의 최종적인 승리에 관한 좋은 소식이다. 하나님은 그
분의 사랑으로 창세전에 그렇게 하고자 작정하셨고, 주 예수
그리스도의 죽음을 통해 죄와 사망과 심판에서 해방시키는
계획을 성취하셨다. 진실로 우리를 자유하게 하고 구속된 자
들의 사귐 속에서 우리를 연합시키는 분은 그리스도이시다.

1. 인간의 곤경

우리는 온전한 복음, 즉 성경적 복음의 충만함을 전파하는 일
에 헌신한 자들이다. 그렇게 하기 위해서는, 인간에게 왜 복음

이 필요한가를 먼저 이해해야 한다.

인간은 남녀 모두 하나님을 알고 사랑하고 섬기도록 하나님의 형상대로 창조되었기 때문에, 모두가 고유한 존엄성과 가치를 지니고 있다. 그러나 죄로 인해 그들의 인간성의 모든 부분이 왜곡되었다. 인간은 자기중심적이며 자기 자신을 섬기는 반역자가 되어, 마땅히 하나님과 이웃을 사랑해야 하지만 그렇게 하지 않는다. 그 결과, 인간은 창조주와 또 다른 피조물들에게서 소외되었다. 이것이 오늘날 그토록 많은 사람이 겪고 있는 고통, 방황, 고독의 근본적인 원인이다. 죄는 또한 반사회적 행동, 다른 사람들을 극심하게 착취하는 일, 그리고 하나님이 인간들에게 청지기로서 지키라고 주신 자원들을 고갈시키는 일을 감행한다. 따라서 인간은 변명의 여지가 없는 죄인이며 멸망으로 이끄는 넓은 길을 걷고 있다.

인간 안에 있는 하나님의 형상이 부패되기는 했지만, 아직도 인간에게는 이웃을 사랑하고 품위 있는 행동을 하며 아름다운 예술을 창조할 만한 능력이 있다. 그러나 인간이 성취한 것은 제아무리 훌륭한 것이라 해도 숙명적으로 부족할 수밖에 없어 결국 하나님의 존재 앞에 합당하지 않다. 남녀 구분 없이 모든 사람은 영적인 존재이다. 그러나 종교적 행동이나 자립을 위한 기술이 인간의 필요를 다소 경감시킬 수 있을지라도 그것이 죄와 죄책과 심판의 준엄한 실재를 근본적으로 피하게 할 수는 없다. 인간의 종교나 인간의 의나 사회·정치적 제도도 인간을 구원할 수는 없다. 어떤 종류의 자력 구원도 불가능하다. 인간은 자기 스스로서는 영원히 잃어버린 존재이다.

그러므로 인간의 죄, 하나님의 심판, 예수 그리스도의 신성과 성육신, 그리고 십자가와 부활의 필요성을 부인하는 거짓된 복음들을 우리는 거부한다. 우리는 또한 죄를 극소화하고 하나님의 은혜를 인간의 자기 노력과 혼동시키는 사이비 복음들도 배척한다. 우리는 우리 자신이 때로는 복음을 보잘것없는 것으로 만들어 버렸음을 고백한다. 그러나 우리는 우리의 복음 전도에 있어서 하나님의 철저한 진단과 아울러 하나님의 철저한 치유를 기억할 것을 결의한다.

[행 2:27; 창 1:26-27; 롬 3:9-18; 딛 3:2-4; 창 3:17-24; 롬 1:29-31; 창 1:26, 28, 2:15; 롬 1:20, 2:1, 3:19, 7:13; 마 5:46, 7:11; 딤전 6:16; 행 17:22-31; 롬 3:20; 엡 2:1-3; 갈 1:6-9; 고후 11:2-4; 요일 2:22-23, 4:1-3; 고전 15:3-4; 렘 6:14, 8:11]

2. 오늘을 위한 좋은 소식

우리는 살아 계신 하나님이 우리를 멸망과 절망의 자리에 내버려두지 아니하심을 인하여 기뻐한다. 하나님은 사랑으로 우리를 구원하시고 재창조하시기 위해 예수 그리스도 안에서 우리를 찾아오셨다. 그러므로 좋은 소식은 이 땅에 오셔서 하나님의 나라를 선포하시고, 겸손한 섬김의 삶을 사시고, 우리를 위해 죽으시고, 우리를 대신해 죄와 저주를 담당하신 예수라는 역사적 인격에 그 초점을 맞춘다. 그리고 그 예수는 하나님이 죽은 자 가운데서 다시 일으키셔서 하나님의 아들로 입증하신 분이다.

하나님은 회개하고 그리스도를 믿는 사람들을 새 창조에 참여하게 하신다. 하나님은 우리에게 새 생명을 주셔서 우리를 죄에서 용서하시며, 또한 성령의 내주하시고 변혁시키시는 능력을 주신다. 하나님은 모든 인종과 민족과 문화에 속한 각기 다른 사람들로 구성된 하나님의 새로운 공동체 안으로 우리를 받아 주신다. 그리고 하나님은 어느 날 우리가 하나님의 새 나라에 들어갈 것을 약속하신다. 그때에 악은 모두 제거되고, 자연 세계가 구속되며, 하나님이 영원히 통치하실 것이다.

이 복된 소식은 하나님의 구원의 능력이며, 우리에게는 이 복음을 알려야 할 의무가 있기 때문에, 교회에서 혹은 공공장소에서, 라디오와 텔레비전으로, 혹은 옥외에서도 가능한 곳이면 어디서나 담대하게 이 복음을 선포해야 한다. 우리는 말씀 전파로써 하나님이 성서에 계시하신 진리를 신실하게 선포하며, 또한 이 복음을 우리의 상황에 적용하기 위하여 애써야 한다.

우리는 또한 변증론, 즉 복음을 변명하며 확정하는 일(빌 1:7)이 선교를 성경적으로 이해하는 데 필수적이며, 또한 현대 사회에서 효과적으로 복음을 증거하는 일에 본질적인 요소라는 사실을 단언한다. 바울은 사람들에게 복음의 진리를 '설득'시키려고 그들과 성경의 말씀을 가지고 '변론'했다. 그러므로 우리도 그렇게 해야 한다. 사실 그리스도인은 누구나 자신들 속에 있는 소망에 관한 이유를 묻는 자들에게 대답할 것을 항상 준비하고 있어야 한다(벧전 3:15).

누가가 강조한 바, 우리는 다시 한 번 복음이 가난한 자들을 위한 복된 소식이라는 사실에 직면하면서(눅 4:18, 6:20, 7:22) 이 것이 세계 곳곳에서 착취당하며, 고통을 당하거나 억압받는 수많은 사람에게 무엇을 의미하는지 스스로 반문해 왔다. 우리는 율법, 선지자, 지혜서, 그리고 예수님의 가르침과 사역, 이 모두가 물질적으로 가난한 사람들에 대한 하나님의 관심이며, 따라서 그들을 변호하고 돌보아야 할 의무가 우리에게 있다는 사실을 강조하고 있음을 기억한다. 또한 성경은 오로지 하나님의 자비만을 바라고 있는, 영적으로 가난한 자도 이에 포함시킨다.

복음은 영적, 물질적으로 가난한 자 모두에게 복된 소식이다. 경제적 상황과 관계없이 영적으로 가난한 사람들이 하나님 앞에 겸손히 나오면 믿음을 통해 값없이 주시는 구원을 선물로 받는다. 이외에 사람이 하나님의 나라에 들어가는 다른 길은 없다. 물질적으로 가난하고 무력한 사람들은 이와 더불어 하나님의 자녀로서의 새로운 존엄성과 또한 그들을 억압하는 모든 것으로부터 그들을 해방시키기 위해 함께 노력하는 형제자매들의 사랑도 발견하게 된다.

우리는 성경에 나타난 하나님의 진리를 조금이라도 소홀히 한 것을 회개하고, 그 진리를 변호하며 선포하기로 결의한다. 우리는 또한 가난한 사람들의 곤경에 대하여는 무관심하고 부유한 사람들을 선호해 왔던 것에 대하여 회개하며, 또한 말과 행동으로 모든 사람에게 복된 소식을 선포하며 예수님을 따를 것을 다짐한다.

[엡 22:4; 눅 15장, 19:10; 행 8:35; 막 1:14-15; 고후 5:21; 갈 3:13; 행 2:23-24; 고후 5:17; 행 2:38-39; 엡 2:11-19; 계 21:1-5, 22:1-5; 엡 6:19-20; 딤후 4:2; 롬 1:14-16; 렘 23:28; 빌 1:7; 행 18:4, 19:8-9; 고후 5:11; 벧전 3:15; 눅 4:18, 6:20, 7:22; 신 15:7-11; 암 2:6-7; 슥 7:8-10; 잠 21:13; 습 3:12; 마 5:3; 막 10:15; 요일 3:1; 행 2:44-45, 4:32-35]

3. 예수 그리스도의 유일성

우리는 점차 다원화되어 가는 세상에 그리스도를 선포하도록 부름 받았다. 세상에는 옛 종교의 재흥도 있고 새로운 종교가 발생하기도 한다. 주후 1세기에도 "많은 신과 많은 주"(고전 8:5)가 있었다. 그러나 사도들은 예수 그리스도의 유일성, 필수성 및 중심성을 담대히 주장했으며, 우리도 그와 같이 행하여야 한다.

남녀를 불문하고 모든 인간은 다 하나님의 형상대로 창조되었고, 피조물 속에서 창조주의 흔적을 볼 수 있기 때문에, 기존의 종교 속에 때때로 진리와 미의 요소들이 포함되어 있기도 하다. 그렇다고 이런 것들이 또 다른 복음일 수는 없다. 인간은 죄악 된 존재이며 "온 세상은 악한 자 안에"(요일 5:19) 처해 있기 때문에, 종교적인 사람일지라도 그리스도의 구속을 받아야 한다. 그러므로 우리는 그리스도 밖에서, 즉 그리스도의 사역을 믿음으로 분명히 받아들이지 않고서 구원받을 수 있다고 도저히 말할 수 없다.

종종 유대인들은 하나님이 아브라함과 언약을 맺으셨기 때문에, 예수님을 그들의 메시아라고 인정할 필요가 없다고 한다. 그러나 우리는 유대인들도 다른 사람들과 마찬가지로 예수님이 필요하다는 것을 단언한다. "먼저 유대인에게" 복음을 전하라는 신약성경의 모형을 저버리는 것은 그리스도에 대한 불순종일 뿐 아니라, 반유대주의의 한 형태일 수도 있다고 단언한다. 그러므로 우리는 유대인들이 하나님과 언약을 맺고 있으므로 예수님을 믿을 필요가 없다는 주장을 배격한다.

우리를 연합시키는 것은 예수 그리스도에 대한 우리의 공통된 믿음이다. 우리는 그분이 영원한 하나님의 아들이심을 고백한다. 그분은 온전한 신성을 소유하시면서도 온전한 인간으로 오셨으며, 십자가 위에서 우리를 대신해 우리 죄를 지시고 우리의 죽음을 대신하셨고, 자신의 의를 우리의 불의와 바꾸시고, 변화된 몸으로 승리의 부활을 하셨으며, 세상을 심판하시기 위해 영광 중에 다시 오실 것이다. 예수님만이 성육신하신 유일한 하나님의 아들이시요, 구원자이시요, 주님이시며 심판자이시다.

그러므로 그분은 성부와 성령과 함께 모든 사람의 예배와 신앙과 순종의 대상이 되기에 합당한 분이시다. 죽음과 부활로 인해 구원의 유일한 길이 되신 분은 오직 한 분 그리스도이시기 때문에, 하나의 복음만이 있을 뿐이다. 따라서 우리는 모든 종교와 영성을 다 같이 하나님께로 나아가는 유효한 접근 방법으로 간주하는 상대주의와 그리스도에 대한 신앙과 다른 신앙들을 혼합하려는 혼합주의를 모두 배격한다.

더욱이 하나님은 예수님을 모든 사람이 인정하도록 지극히 높이셨으며, 우리 역시 그렇게 하기를 열망하신다. 그리스도의 사랑이 우리를 강권하므로, 우리도 그리스도의 지상 명령에 순종하고, 그분의 잃어버린 양들을 사랑해야 한다. 특별히 우리는 그분의 거룩한 이름에 대한 '질투'로 인해서도, 그리스도가 그분께 합당한 영예와 영광을 받게 되시기를 갈망한다.

과거 우리는 다른 종교를 신봉하는 사람들에게 무지, 거만, 무례, 혹은 대적의 태도를 취하는 잘못을 범해 왔다. 우리는 이에 대해 회개한다. 그럼에도 불구하고 타 종교와의 대화를 포함한 모든 형태의 복음 전도에서, 그리스도의 생애나 죽음과 부활에 있어 우리 주님의 유일성을 적극적으로 증거하며 결코 타협하지 않을 것을 다짐한다.

[고전 8:5; 시 19:1-6; 롬 1:19-20; 행 17:28; 요일 5:19; 행 10:1-2, 11:14, 18, 15:8-9; 요 14:6; 창 12:1-3, 17:1-2; 롬 3:9, 10:12; 행 13:46; 롬 1:16, 2:9-10; 행 13:38-39; 요 1:1, 14, 18; 롬 1:3-4; 벧전 2:24; 고전 15:3; 고후 5:21; 고전 15:1-11; 마 25:31-32; 행 17:30-31; 계 5:11-14; 행 4:12; 빌 2:9-11; 고후 5:14; 마 28:19-20; 요 10:11, 16; 고후 11:2-3; 딤전 2:5-7]

4. 복음과 사회적 책임

신빙성 있는 참된 복음은 변화된 성도들의 삶 속에 뚜렷이 나타나야 한다. 우리가 하나님의 사랑을 선포할 때, 우리는 사랑의 봉사에 참여해야 하며 우리가 하나님 나라를 선포할 때, 우리는 정의와 평화에 대한 그 나라의 요청에 헌신적으로 응답해야 한다.

우리의 주된 관심은 복음에 있으며, 모든 사람이 예수 그리스도를 구주로 영접할 기회를 갖도록 하는 데 있기 때문에 복음 전도가 우선이다. 예수님도 하나님 나라를 선포하셨을 뿐만 아니라 하나님 나라의 도래를 자비와 능력의 역사로 보여 주셨다. 오늘의 우리 역시 이와 같이 겸손한 마음으로 말씀을 전파하고 가르치며, 병자를 돌보며 굶주린 자에게 먹을 것을 주고, 갇힌 자들을 살피며, 억울한 자와 장애가 있는 이들을 도와주며, 억압당하는 자들을 구하는 일을 해야 한다. 영적인 은사가 다양하고, 소명과 상황이 다르더라도 복된 소식과 선한 행위는 분리할 수 없음을 단언한다.

하나님 나라에 관한 선포는 그분의 나라에 용납될 수 없는 일에 대해 예언자적인 도전을 하도록 요청한다. 우리가 개탄하는 악은 제도화된 폭력, 정치적 부패, 사람과 땅에 대한 온갖 형태의 착취, 가정 파괴, 낙태, 마약 유통, 인권 유린과 같은 파괴적인 폭력을 의미한다. 우리는 가난한 자들에게 관심을 가지면서 제3세계에 사는 그 많은 사람들이 부채로 인해 고통당하고 있는 사실을 마음 아파한다. 또한 우리는 우리와 마찬가지로 하나님의 형상을 지니고 있는 수백만의 사람들이 비인간적인 조건 속에서 살고 있다는 사실에 분개한다.

그러나 우리가 계속해서 사회에 관심을 가지며 그것을 위하여 힘쓴다고 해서, 하나님 나라가 곧 기독교화된 사회를 의미하는 것으로 혼동하는 것은 아니다. 오히려 성경적 복음에는 언제나 사회적 적용이 내포되어 있다는 사실을 인정하는 것이다. 참된 선교는 언제나 성육신적이어야 한다. 참된 선교를 위해서는 겸허하게 그 사람들의 세계에 들어가서 그들의 사회적 현실, 비애와 고통, 그리고 압제 세력에 항거하며 정의를 위해 투쟁하는 그들의 노력에 동참할 필요가 있는 것이다. 개인적인 희생 없이는 선교가 이루어질 수 없다.

우리의 관심과 비전이 작아서 사람들의 공적 또는 개인적 삶이나 지역적 또는 보편적 삶의 모든 분야에 있어 예수 그리스도가 주님이 되심을 선포하지 못했던 것을 회개한다. 우리는 "먼저 그의 나라와 그의 의를 구하라"(마 6:33)라는 예수님의 명령에 순종할 것을 결의한다.

[살전 1:6-10; 요일 3:17; 롬 14:17, 10:14; 마 12:28; 요일 3:18; 마 25:34-46; 행 6:1-4; 롬 12:4-8; 마 5:16; 렘 22:1-5, 11-17, 23:5-6; 암 1:1-2, 8; 사 59장; 레 25장; 욥 24:1-12; 엡 2:8-10; 요 17:18, 20:21; 빌 2:5-8; 행 10:36; 마 6:33]

| 2부 | 온 교회

온 교회는 온전한 복음을 선포해야 한다. 하나님의 모든 백성은 복음 전도의 과업을 함께 나누도록 부름 받았다. 그러나 하나님의 성령의 역사 없이는 그들의 노력은 결실을 얻지 못할 것이다.

5. 복음 전도자 하나님

성경은 하나님 자신이 복음 전도의 대장이심을 선포한다. 하나님의 영은 진리와 사랑과 거룩과 능력의 영이시며, 복음 전도는 하나님의 역사 없이는 불가능하기 때문이다. 복음 전도자에게 기름을 붓고, 말씀을 확정하고, 듣는 이를 준비시키며, 죄를 책망하고, 눈먼 자에게 빛을 주고, 죽은 자들에게 생명을 주고, 우리로 하여금 회개하고 믿을 수 있게 하며, 우리를 그리스도의 몸에 연합시키며, 우리가 하나님의 자녀임을 확신시키며, 우리를 그리스도와 같은 성품과 섬김으로 인도하고, 우리를 그리스도의 증인으로 내보내는 분은 바로 하나님이시다. 이 모든 일에서 성령이 주로 행하시는 일은 우리로 하여금 예수 그리스도를 보게 하며 우리 속에 예수 그리스도의 형상이 이루어지게 함으로써 예수 그리스도의 영광을 나타내시는 일이다.

모든 복음 전도에는 악의 주관자와 세력에 대항하는 영적 전쟁이 있다. 이 전쟁에서는 특히 기도와 더불어 말씀과 성령의 영적 무기로만 승리할 수 있다. 그러므로 우리는 모든 그리스도인이 교회의 갱신과 세계 복음화를 위해 열심히 기도할 것을 호소한다.

진정한 회심에는 언제나 능력 대결이 있으며, 이 대결에서 예수 그리스도의 우월한 권위가 드러난다. 믿는 자는 사탄과 죄, 두려움과 허무, 그리고 어두움과 사망의 속박에서 해방되는데, 이보다 더 큰 기적은 없다.

지난날 예수님이 행하신 기적들은 그분이 메시아라는 것을

보여 주며 온 세상이 그분께 굴복하게 되는 그분의 완전한 왕
국의 도래를 예상케 하는 표적으로서 특별한 것이며, 그것이
과거의 일이라고 해서 오늘도 살아 역사하시는 창조주의 권
능을 제한할 수는 없다.

우리는 기사와 이적을 부정하는 회의주의나, 또 그런 것들을
무분별하게 요구하는 무엄함도 모두 배격한다. 그리고 성령
의 충만함을 꺼리는 소극성과 우리가 약할 때 그리스도의 능
력이 온전케 되는 것을 반대하는 승리주의도 배격한다.

우리는 자만함으로 우리의 힘으로 전도하려 했던 것과 성령
을 지시하려 했던 것을 회개한다. 앞으로 우리는 성령을 근심
하게 하지도 않고 소멸하지도 않으며, 이 좋은 소식을 "능력과
성령과 큰 확신으로"(살전 1:5) 전할 것을 다짐한다.

[고후 5:20; 요 15:26-27; 눅 4:18; 고전 2:4; 요 16:8-11; 고전 12:3; 엡 2:5; 고전 12:13;
롬 8:16; 갈 5:22-23; 행 1:8; 요 16:14; 갈 4:19; 엡 6:10-12; 고후 10:3-5; 엡 6:17-20; 살
후 3:1; 행 26:17-18; 살전 1:9-10; 골 1:13-14; 요 2:11, 20:30-31, 11:25; 고전 15:20-
28; 렘 32:17; 딤후 1:7; 고후 12:9-10; 렘 17:5; 엡 4:30; 살전 5:19, 1:5]

6. 증인들

복음 전도자이신 하나님은 그분의 백성에게 "하나님과 함께
일하는 자"(고후 6:1)가 되는 특권을 주신다. 하나님 없이는 우리
가 복음을 증거할 수 없지만, 하나님은 일반적으로 우리를 통
해 증거하기를 원하시기 때문에 몇몇 사람들은 복음 전도자,
선교사, 목사가 되도록 부르시면서도 아울러 온 교회와 모든

성도가 다 증거자가 되도록 부르신다.

특권으로 받은 목사와 교사의 사명은 하나님의 백성(헬. laos)을 성숙한 자로 이끌고(골 1:28) 그들이 사역을 감당할 수 있도록 그들을 양육시키는 일이다(엡 4:11-12). 목회자들은 사역을 독점할 것이 아니라, 오히려 다른 사람들로 하여금 그들이 받은 은사를 사용하도록 격려하고, 제자 삼는 일을 할 수 있도록 훈련함으로써 사역을 증폭시켜야 한다.

성직자가 평신도를 지배하는 것은 교회 역사에 있어서 커다란 악이었다. 이는 하나님이 의노하신 평신노나 성직자의 역할을 제대로 하지 못하게 하고, 또 성직자의 일을 좌절시키고 교회를 약화시켜, 마침내 복음 전파에 방해가 되었다. 무엇보다도 이것은 근본적으로 비성경적이다. 그러므로 여러 세기 동안 '믿는 자 모두의 제사장직'을 주장해 온 우리는 이제 또 믿는 자 모두가 사역자임을 주장한다.

우리는 어린이와 젊은이들이 교회의 예배를 풍요롭게 하고, 열심과 믿음으로 복음을 전하는 모습을 보며 감사한다. 제자도와 복음 전도에 있어 그들을 훈련하여, 그들로 하여금 자기 세대의 이웃을 전도할 수 있도록 해야 한다.

하나님은 남자나 여자나 모두 동일하게 하나님의 형상을 지닌 자로 창조하셨고(창 1:26-27), 그리스도 안에서 차별 없이 받아들이시며(갈 3:28), 아들에게나 딸에게나 똑같이 모든 육체에 자신의 성령을 부어 주셨다(행 2:17-18). 그리고 또 성령이 남자와 같이 여자들에게도 은사를 주시기 때문에, 모두에게 은사를 활용할 기회가 주어져야 한다.

우리는 선교 역사를 통해 여성들이 남긴 찬란한 기록을 찬양한다. 그리고 하나님이 오늘날에도 여성들이 그런 역할을 감당하도록 부르신다고 확신한다. 여성들이 어떤 형태의 지도력을 가져야 할 것인가에 대해서는 여러 이견이 있겠지만, 세계 복음화를 위해서는 여성도 동역자가 되어야 한다는 데에는 모두 동의한다. 이는 하나님이 의도하시는 바이며 남자든 여자든 모두가 적절한 훈련을 받을 수 있어야 한다.

남녀 평신도에 의한 증거는 지역 교회를 통해서뿐만 아니라 (다음 '8. 지역 교회' 항목을 보라) 가정이나 일터에서의 친교를 통해서도 이루어진다. 가정이 없는 자나 직업이 없는 자도 모두 증인이 되라는 명령을 함께 받은 것이다.

우리의 일차적인 책임은 친구, 친척, 이웃, 동료에게 복음을 증거하는 일이다. 가정에서의 복음 전도는 기혼자에게든 미혼자에게든 자연스럽게 할 수 있다. 기독교 가정은 결혼, 성, 가정에 대한 하나님의 표준을 제시해야 할 뿐 아니라 상처 입은 사람들에게 사랑과 평화의 피난처를 제공해 주어야 하며, 우리의 가정은 복음에 관해 말할 때에도, 교회에 나가지 않으려는 믿지 않는 이웃이 편안함을 느끼는 곳이 되어야 한다.

평신도 전도를 위한 또 하나의 상황은 일터이다. 대부분의 그리스도인들이 깨어 있는 시간의 절반을 일터에서 보내기 때

문이며, 또한 직업이란 하나님의 소명이기 때문이다. 그리스
도인들은 입술의 언어, 일관성 있는 근면, 정직, 신중성, 일터
에서의 정의에 대한 관심 및 특히 다른 사람들이 그들이 하는
일의 내용을 보고 그것이 하나님의 영광을 위해 행해지고 있
다는 사실을 볼 때 그리스도를 증거할 수 있게 된다.

우리는 평신도 사역, 특히 여성과 젊은이들의 사역에 실망을
준 일에 대해 회개한다. 앞으로는 그리스도를 따르는 모든 사
람이 정당하고 자연스럽게 증인으로서 자기 역할을 하도록
격려할 것을 다짐한다. 참된 복음 전도는 가슴속에 그리스도
의 사랑이 넘쳐 날 때 이루어진다. 바로 이런 이유 때문에 복
음 전도는 예외 없이 하나님의 모든 백성에게 속한 일이다.

[고후 6:1; 행 8:26-39, 14:27; 엡 4:11; 행 13:1-3, 1:8, 8:1, 4; 골 1:28; 엡 4:11-12; 마
28:19; 딤후 2:2; 살전 5:12-15; 고전 12:4-7; 엡 4:7; 마 21:15-16; 딤전 4:12; 창 1:26-
27; 갈 3:28; 행 2:17-18; 벧전 4:10; 롬 16:1-6, 12; 빌 4:2-3; 막 5:18-20; 눅 5:27-32; 행
28:30-31, 10:24, 33, 18:7-8, 24-26; 고전 7:17-24; 딛 2:9-10; 골 3:17, 23-24, 4:1; 행
4:20]

7. 증인의 성실성

변화된 삶보다 복음을 설득력 있게 전하는 것은 없으며, 삶이
복음과 불일치하는 것만큼 복음을 비난받게 만드는 것도 없
다. 우리는 그리스도의 복음에 합당하게 행동하고, 거룩한 삶
으로써 복음의 아름다움을 선양하며 복음을 '빛나게' 해야 한
다. 우리를 주시하는 세상 사람들은 그리스도의 제자들이 입
으로 고백하는 바를 뒷받침할 만한 증거가 있는지 찾고 있는

데 이는 너무도 당연하다. 우리의 성실성이 가장 강한 증거가
된다.

그리스도가 우리를 하나님께로 인도하기 위해 죽으셨다는
선포는 영적으로 갈급한 사람들에게 호소력이 있다. 그러나
이러한 사람들도 우리 자신이 살아 계신 하나님을 안다는 증
거를 제시하지 못할 때, 우리의 공중 예배에 현실성이나 적용
성이 결여될 때에는 우리의 증거를 믿지 않을 것이다.

그리스도가 소외된 자들을 서로 화해시키신다는 우리의 메
시지는 우리가 서로 사랑하고 용서하며 다른 사람들을 겸손
히 섬기고, 또한 우리의 공동체를 넘어 어려운 자들에게 희생
적인 사랑으로 봉사하는 것을 보게 될 때에야 그들 속에서 역
사할 것이다.

다른 사람들에게 자기를 부인하고 자기 십자가를 지고 그리
스도를 따르라는 우리의 도전은 우리 자신이 먼저 이기적인
야심, 부정직, 탐욕에 대해 철저히 죽고, 검소하게 자족하면서
관대한 삶을 살 때에야 비로소 타당성이 있게 될 것이다.

우리는 그리스도인 개인의 삶에서나 교회에서 그리스도인다
운 언행의 일관성이 없음을 뉘우친다. 즉 우리 사이에 있었던
물질적인 탐욕, 직업적인 교만이나 경쟁, 기독교 사역에 있어
서의 경쟁, 젊은 지도자들에 대한 시기, 선교에서의 가부장적
인 자세, 상호 책임의 결여, 성에 대한 기독교적 기준의 상실,
인종적·사회적·성적 차별 등에 대하여 개탄하는 바이다. 바

로 이 모든 세속적인 것들로 인해 교회가 세상 문화에 도전해서 그 문화를 변화시키지 못하고, 오히려 오늘의 세상 문화가 교회를 붕괴시키는 것이다.

우리는 개인적으로나 신앙 공동체 안에서 말로는 그리스도를 긍정하지만 행동으로는 그리스도를 부정했던 것에 대해 매우 부끄럽게 생각한다. 우리의 일관성 없는 삶으로 인해 우리의 증거가 신뢰성을 상실하고 있다. 우리에게 계속적인 갈등과 실패가 있다는 사실을 인정하지만, 그럼에도 우리는 하나님의 은혜로 우리 자신과 교회의 성실성을 개발해 나갈 것을 결의한다.

[고후 6:3-4; 빌 1:27; 딛 2:10; 골 4:5-6; 잠 11:3; 벧전 3:18; 요일 1:5-6; 고전 14:25-26; 엡 2:14-18, 4:31-5:2; 갈 5:13; 눅 10:29-37; 막 8:34; 마 6:19-21, 31-33; 딤전 6:6-10, 17-18; 행 5:1-11; 빌 1:15-17; 고전 5:1-13; 약 2:1-4; 1 요 2:15-17; 마 5:13, 7:21-23; 요일 2:4; 엡 4:1]

8. 지역 교회

모든 기독교 회중은 그리스도의 몸을 나타내는 지역적인 표현이며 동일한 책임을 지고 있다. 회중은 하나님께 예배라는 영적 제사를 드리는 "거룩한 제사장"이며, 또한 복음 전도로 하나님의 덕을 널리 전파하는 "거룩한 나라"이다(벧전 2:5-9). 이와 같이 교회는 예배하며 증거하는 공동체요, 모이고 흩어지는 공동체요, 부름 받고 보냄 받은 공동체이다. 예배와 증거는 불가분의 것이다.

지역 교회의 일차적인 책임은 복음을 전하는 것이라고 믿는다. 성경은 '우리 복음이 너희에게 이르고', 그리고 '너희에게로부터 들린다'(살전 1:5, 8)는 순서로 복음 전파에 대해 언급한다. 이런 식으로 복음은 교회를 세워 복음을 전하게 하고, 이 복음은 다시 계속적인 연쇄 반응 속에서 더 많은 교회들을 세우게 한다. 더 나아가 성경이 가르치는 방법이 가장 좋은 전략이라고 믿는다. 각 지역 교회는 자신이 속한 지역을 복음화해야 하며 또한 그렇게 할 자원을 가지고 있다.

우리는 선교에 대한 더 적절한 전략을 수립하기 위해 모든 회중이 개교회의 교인들이나 프로그램뿐만 아니라 지역 사회의 모든 특성을 정기적으로 연구할 것을 권한다. 이런 사역을 위해 교인들은 그 지역 내의 모든 구석구석을 찾아갈 방문단을 조직해서, 사람들이 모이는 특정 지역에도 침투할 수 있을 것이다. 그리고 일련의 전도 집회, 강좌 또는 연주회를 마련하거나, 지역의 빈민가를 변화시키기 위해 가난한 자들과 함께 일할 수도 있다. 또는 주변 지역이나 이웃 마을에 새로운 교회를 개척할 수도 있을 것이다.

동시에 그리스도인들은 온 세상을 향한 교회의 책임을 잊지 않아야 한다. 선교사를 보내는 교회가 그 교회가 속해 있는 지역을 소홀히 해서는 안 되며, 이웃을 복음화하는 교회가 세계 선교를 소홀히 해서는 안 된다.

이 모든 일에 있어, 각 교회 회중과 교단은 경쟁심을 협동심으로 돌이키도록 노력하면서, 가능한 곳에서 다른 교회 및 교단과 더불어 사역해야 한다. 교회는 또한 여러 선교 기관들과도 더불어 일해야 하는데 특별한 복음 전도, 제자 양육, 사회봉사에 있어서는 관계 기관들과 협력해야 한다. 그러한 기관들은 그리스도의 몸의 지체이며, 가치 있고 전문적인 지식을 가지고 있어 교회에 많은 도움을 줄 수 있기 때문이다.

하나님은 교회가 하나님 나라의 한 표징이 되도록 의도하셨다. 즉 인간 공동체가 하나님의 의와 평화의 통치 아래 있을 때 어떤 모습인지를 보여 주는 것이다. 복음이 효과적으로 전달되기 위해서는 개인이나 교회에서 복음이 구체적으로 표현되어야 한다. 보이지 않는 하나님은 우리가 서로 사랑하는 것을 통해 오늘 우리에게 자신을 나타내시며(요일 4:12), 특히 작은 모임 안에서 우리가 서로 친교를 나누며 여러 공동체들을 분리시키는 인종 차별, 계층, 성, 연령의 장벽을 초월하게 될 때 자신을 계시하신다.

우리는 많은 교회들이 내부 지향적이어서 선교보다는 자체 유지를 위해 조직되어 있고 복음 전도를 희생시키면서까지 개교회 중심 활동에만 몰두하고 있던 것에 대해 깊이 회개한다. 우리는 교회를 갱신하여 주께서 구원받는 사람을 날마다 더하게 하실 때까지(행 2:47) 계속 밖으로 뻗어 나가는 일에 전념할 것을 결의한다.

[고전 12:27; 벧전 2:5, 9; 요 17:6, 9, 11, 18; 빌 2:14-16; 살전 1:5, 8; 행 19:9-10; 골 1:3-8; 행 13:1-3, 14:26-28; 빌 1:27; 눅 12:32; 롬 14:17; 살전 1:8-10; 요일 4:12; 요

9. 복음 전도의 동반자 협력

신약성경에는 복음 전도와 연합이 긴밀하게 연관되어 있다. 예수님은 세상이 자신을 믿도록(요 17:20-21) 하기 위해 자신이 성부와 하나 됨같이 하나님의 백성이 하나 되기를 위하여 기도하셨다. 또 바울도 빌립보 성도들을 권면하며 "한뜻으로 복음의 신앙을 위하여 협력"(빌 1:27)하라고 했다. 이런 성경적 비전과는 달리 우리는 서로 의심하고 대결하며, 비본질적인 것들에 대해 고집을 부리고, 권력 투쟁과 자기 왕국 건설에 힘씀으로 복음 전도 사역을 부패시키고 있음을 부끄럽게 여긴다.

우리는 복음 전도에 있어서 협력이 필수 불가결한 것임을 확인한다. 첫째, 그것이 하나님의 뜻일 뿐 아니라 화해의 복음이 우리의 분열로 인해 불신을 받기 때문이며 둘째, 세계 복음화 과제가 기필코 성취되려면 우리가 이 일에 함께 협력해야만 하기 때문이다.

'협력'이란 다양성 가운데서 일치성을 찾는 것을 의미한다. 이것은 여러 가지 다른 기질, 은사, 그리고 문화, 지역 교회와 선교 단체, 남녀노소를 불문하고 모두 함께 일하는 것을 의미한다.

제1세계는 선교사를 파송하는 국가들이며, 제3세계는 선교를 받는 국가들이라고 단순하게 구분하는 분류법은 지난 식민주의 시대의 잔재이며, 그런 분류는 영원히 지나간 것임을 단호히 밝혀 둔다. 우리 시대에 있어 새로운 사실은 선교의 세계화이기 때문이다. 지금 복음적인 그리스도인들 대다수가 비서구인일 뿐 아니라 머지않아 제3세계 선교사의 수가 서구 선교사들의 수를 능가할 것이다. 구성에 있어서는 다양하지만, 마음과 정신에 있어 하나 된 선교팀들이 하나님의 은혜를 증거함에 있어서 획기적인 역할을 할 것으로 믿는다.

우리가 '온 교회'라고 말할 때, 우주적·보편적 교회가 복음적인 공동체와 동일하다고 주장하는 것은 아니다. 세계에는 복음주의 운동에 참여하지 않는 많은 교회가 있는 것을 알고 있기 때문이다. 로마 가톨릭과 동방 정교회에 대한 복음주의자들의 태도는 매우 다양하다.

복음주의자들 중 어떤 사람들은 이런 교회들과도 함께 기도하고, 대화하며, 성경 연구를 하고, 함께 일한다. 또 어떤 사람들은 이들과는 어떠한 형태의 대화나 협력도 모두 반대한다. 이런 복음주의자들은 그들과 우리 사이에 심각한 신학적 차이가 있다는 사실을 인식한다. 예를 들어, 성경 번역, 당면한 신학적·윤리적 문제들, 그리고 사회사업과 정치적 행동에 대한 연구와 같이, 성경적 진리가 손상되지 않는 적절한 영역에서는 협력이 가능할 수 있을 것이다. 그러나 우리가 함께 전도할 때, 성경적 복음에 대한 같은 태도의 헌신이 요청된다는 것을 명확히 밝힌다.

우리 중 일부는 세계교회협의회(WCC)에 속하는 교회의 성도들로서 그 협의회가 하는 일에 적극적이면서도 비판적으로 참여하는 것이 기독교적인 의무라고 믿고 있다. 또 어떤 이들은 세계교회협의회가 복음 전도에 대해 철저한 성경적 이해를 채택하기를 촉구한다.

세계 복음화에 큰 거침돌이 되는 그리스도의 몸의 분열에 대해서는 우리에게도 책임이 있음을 고백한다. 우리는 그리스도가 기도하신 대로, 진리 안에서 하나가 되기를 계속 추구하며 나아갈 것을 결의한다. 좀 더 긴밀한 협력을 향해 나아가는 바른길은 우리와 같은 관심을 가진 모든 사람과 성경에 기초해서 솔직하게, 그리고 인내심을 가지고 대화하는 것이라고 생각한다. 이를 위해 우리는 기쁘게 헌신한다.

[요 17:20-21; 빌 1:27, 1:15, 17, 2:3-4; 롬 14:1-15:2; 빌 1:3-5; 엡 2:14-16, 4:1-6; 엡 4:6-7; 행 20:4; 요 17:11, 20-23]

| 3부 | 온 세상

온전한 복음이 온 세상에 알려지도록 온 교회에 위탁되었다. 그러므로 우리는 우리가 보냄 받은 이 세상을 이해할 필요가 있다.

10. 현대 세계

복음 전도는 진공 속에서가 아니라 현실 상황 속에서 이루어진다. 우리는 복음과 상황 사이의 균형을 조심스럽게 유지해야 한다. 복음을 전하기 위해서는 그 상황을 이해해야 하지만, 그러나 상황이 복음을 왜곡시키게 해서는 안 된다.

이러한 맥락에서, 우리는 과학 기술과 함께 산업화되어 가며, 경제 질서의 변화와 함께 도시화되어 가는 새로운 세계 문화의 출현이라는 '현대성'(modernity)의 영향에 대해 관심을 가지게 되었다. 이러한 요인들이 복합되어 환경을 조성하는데, 그것은 우리가 세상을 바라보는 방식을 형성하게 한다. 더욱이 세속주의는 신앙을 황폐하게 해서 하나님과 초자연적인 사실들을 무의미하게 만들었고, 도시화는 사람들의 삶을 비인간화했으며, 대중 매체는 말을 영상으로 대체해 진리와 권위의 가치를 하락시키는 데 큰 영향을 미쳤다. 결국 이런 복합적인 요인으로, 현대화의 결과는 많은 사람들이 애써 전하는 메시지를 왜곡시키며, 또 선교에 대한 동기 유발을 저해한다.

1900년에는 세계 인구의 9퍼센트만이 도시에 살고 있었다. 그런데 2000년에는 50퍼센트 이상이 도시에 살게 될 것이다. 세계 각처에서 사람들이 도시로 이주하고 있으며, 이것은 '인류 역사상 가장 큰 이주'라고 불려 왔다. 이런 현상은 기독교 선교에 주요한 도전이 되고 있다. 한편, 도시에는 세계 여러 나라 사람들이 살고 있기 때문에 이제는 여러 민족이 우리의 문턱에까지 와 있는 것이다. 그 안에서 우리는 복음으로 민족의 장벽을 허무는 우주적 교회들을 발전시킬 수 있지 않겠는가?

다른 한편, 많은 도시 주민들은 가난한 이주민들이기 때문에 복음을 잘 받아들인다. 하나님의 백성이 그와 같은 도시 빈민 공동체 속으로 다시 들어가 그들을 섬기며 도시를 변화시키는 역할을 해야 하지 않겠는가?

현대화는 위험과 함께 축복을 가져오기도 한다. 전 세계를 연결하는 통신망과 교역망을 통해, 전통적 사회든지 전체주의적 사회든지, 현대화는 복음이 미개척지 경계를 넘어 그 닫힌 사회 속에 파고들어 갈 수 있는 전대미문의 문을 열어 놓고 있다. 기독교 매체들은 복음의 씨앗을 뿌리는 일에나, 토양을 준비하는 일에나 막강한 영향력을 지니고 있다. 주요 선교 방송 국들은 2000년까지는 모든 주요 언어로 라디오를 통해 방송 전도를 할 것을 계획하고 있다.

우리는 현대화의 문제를 이해하기 위해 마땅히 해야 할 만큼 노력하지 않았음을 고백한다. 우리는 현대적 방법과 기술들을 무비판적으로 사용함으로 인해 우리 자신이 세속성에 노출되었다. 그러나 앞으로는 이러한 도전과 기회를 심각하게 다루어, 현대의 세속적 압력에 대항하고, 그리스도의 주 되심을 현대의 모든 문화와도 연관시키며, 현대 사회에서 세속화 되지 않으면서, 현대 선교에 매진할 것을 다짐한다.

[행 13:14-41, 14:14-17, 17:22-31; 롬 12:1-2]

11. 주후 2000년도와 그 이후의 도전

오늘날 세계 인구는 60억 명에 육박하고 있다. 전 세계 인구의 3분의 1이 명목상으로는 그리스도를 주로 고백한다. 그리고 나머지 40억 명 중 절반은 그리스도에 관하여 들었으며, 그 나머지 반은 듣지도 못하고 있다. 이러한 통계에 비추어 우리는 다음 네 가지 범주의 사람들을 고려함으로써 우리의 복음화 과제를 평가한다.

첫째로, 잠재적인 선교 역군으로 헌신된 사람들이다. 이러한 범주에 속하는 그리스도인들이 1900년에는 4천만 명이었는데 오늘날에는 5억 명으로 늘어났다. 그리고 지금은 다른 어떤 주요한 종교 그룹보다 두 배 이상 빠르게 성장하고 있다.

둘째로, 헌신되지 않은 사람들이 있다. 그들은 그리스도인이라고 스스로 고백한다(그들은 세례를 받고, 교회도 가끔 나오며, 스스로를 그리스도인이라 부르기까지 한다). 그러나 그들에게 있어 그리스도에 대한 인격적인 헌신이란 개념은 생소하기만 하다. 그런 사람들은 전 세계의 어느 교회에서나 찾아볼 수 있다. 우리는 그들을 시급히 재복음화해야 한다.

셋째로, 비복음화된(unevangelized) 사람들이 있다. 그들은 복음에 대한 최소한의 지식을 가지고 있지만, 이 복음에 응답할 수 있는 적절한 기회를 만나지 못한 사람들이다. 아마도 그리스도인들이 이웃의 거리, 길, 마을, 촌락에 가면 만나 전도할 수 있는 사람들일 것이다.

넷째로, 미전도된(unreached) 사람들이 있다. 예수님이 주 되심을 한 번도 들어 보지 못한 사람이 20억 명이나 되는데, 그들은 자국의 그리스도인들이 접촉할 수 있는 영역 안에 있지 않다. 사실 약 2천여 민족들 가운데서는 아직도 활발한 토착 교회 운동이 일어나고 있지 않다. 여기에서 '민족'이란 서로 유사성(예를 들면, 공통된 문화, 언어, 가정, 직업)을 가진 종족의 사람들이라고 생각하면 된다. 그들에게 다가갈 수 있는 가장 효과적인 복음 전달자는 이미 그들의 문화에 속하고 그들의 언어를 아는 신자들일 것이다. 그것이 불가능하면, 다른 문화권에 속하는 복음의 사신들이 가야만 하며, 그들은 자기의 문화를 떠나, 전도하려는 민족들과 자신을 동일화해야 할 것이다.

현재 2천여 개의 큰 민족들 속에 그와 같은 약 1만 2천여 개의 미전도 종족이 있으며, 그들을 전도한다는 과제는 전혀 불가능한 것이 아니다. 그러나 현재 전체 선교사의 겨우 7퍼센트만이 이 일에 전념하고 있으며, 나머지 93퍼센트는 세계의 절반이 되는 지역, 곧 이미 복음화된 지역에서 사역하고 있다. 이와 같은 불균형을 시정하려면 선교 인력을 전략적으로 재배치해야 할 것이다.

앞에서 언급한 이 모든 범주의 선교에 있어서 한 가지 방해 요인은 접근이 불가능하다는 사실이다. 많은 국가들이 그 나라에 기여할 만한 일이 없으면 선교사로 입국하고자 할 때 비자를 발급하지 않는다. 그렇다고 해서 이런 지역들에 절대적으로 접근할 수 없다는 말은 아니다. 우리의 기도는 어떤 휘장도, 문도, 장벽도 뛰어넘을 수 있기 때문이다. 기독교 라디오나 텔레비전, 오디오나 비디오카세트, 필름이나 책자는 그런 지역에까지도 들어갈 수 있다.

그러므로 바울과 같이 스스로 생계를 꾸려 나가는, 소위 '텐트 메이커'는 그렇게 할 수 있다. 그들은 직업을 가지고(예를 들면, 기업인, 대학 교수, 전문 기술인, 어학 교사) 여행하며, 가능한 모든 기회를 이용해 예수 그리스도를 전할 수 있다. 그들은 자신들의 직업상 정당하게 가는 것이기 때문에 속임수를 써서 다른 나라에 들어가는 것이 아니다. 그리스도인들은 그들이 어디에 있든지, 그리스도인의 삶의 모습 그 자체로서 증거가 되기 때문에 전도가 자연스럽게 이루어진다.

우리는 예수님의 죽음과 부활 이후 거의 2000년이 지나도록 아직도 세계 인구의 3분의 2가 예수님을 알지 못하고 있다는 것을 심히 부끄럽게 생각한다. 그러나 한편으로는, 세계에서 가장 가망성이 없어 보이는 곳에서도 하나님의 능력의 역사가 힘 있게 일어나고 있음에 놀라지 않을 수 없다.

이제 주후 2000년은 많은 사람들에게 있어서 도전적인 이정표가 되었다. 2000년 시대의 마지막 10년 동안 세상을 복음화하는 데 우리 자신을 헌신해야 하지 않겠는가? 날짜에는 마술적인 것이 있을 수 없지만, 이 목표를 달성하기 위해 최선을 다해야 되지 않겠는가? 그리스도는 모든 민족에게 복음을 전하라고 명령하신다. 이 과업은 긴급하다. 우리는 기쁨으로 희망을 가지고 그리스도께 순종할 것을 다짐한다.

[행 18:1-4, 20:34; 눅 24:45-47]

예수님은 제자들에게 반대를 예상하라고 말씀하셨다. 예수님은 "사람들이 나를 박해하였은즉 너희도 박해할 것이요"(요 15:20)라고 말씀하셨다. 예수님은 제자들에게 핍박을 받을 때 기뻐하라고까지 말씀하시며(마 5:12) 열매를 많이 맺으려면 죽어야 한다는 사실(요 12:24)을 상기시키셨다.

그리스도인의 고난은 불가피한 것이며, 고난이 열매를 맺을 것이라는 예언은 모든 시대의 진리였고, 우리 시대에도 예외는 아니다. 그동안 수없이 많은 사람들이 순교했다. 오늘날의 상황도 다를 바 없다. 우리는 '글라스노스트'(glasnost, 개방)와 '페레스트로이카'(perestroika, 개혁)가 소비에트 연방과 다른 동구권 국가들에게 완전한 종교적 자유를 가져다주고, 이슬람 국가들과 힌두교 국가들도 복음에 대해 좀 더 개방적이 되기를 간절히 소망한다.

우리는 최근 일어난 중국에서의 민주화 운동에 대한 잔혹한 억압에 대해 탄식하며, 그 억압이 그리스도인들에게 더 많은 고난을 가하게 되지 않기를 위해 기도한다. 그러나 전반적으로 볼 때 고대 종교들은 복음에 대한 관용에 있어서 더 인색해지며 추방된 자들을 받아들이지 않는 등 세계는 복음에 대해 점차 냉혹해져 가는 것 같다.

이러한 상황에서, 우리는 기독교 신자들에 대한 그들의 태도

를 재고하는 정부들에 대해 다음의 세 가지 사항을 밝히고자
한다.

첫째로, 그리스도인들은 국가의 안녕을 추구하는 충성스러운
시민이다. 그들은 지도자를 위해 기도하며 세금을 납부한다.
물론 예수님을 주로 고백해 온 사람들이 다른 권력자들을 주
라고 부를 수는 없다. 만일 그리스도인에게 그렇게 하라고 명
하거나 또는 하나님이 금하시는 것을 행하도록 강요한다면,
그 명령에는 불복할 수밖에 없다. 그러나 그들은 양심적인 시
민이다. 그들은 안정된 결혼 생활과 가정 생활을 유지하며, 맡
은 일에 정직하고 근면하다. 장애인과 곤경에 처한 자들을 돕
는 일에 자발적으로 활동함으로써 국가의 안녕에 기여한다.
정의로운 정부는 그리스도인들을 경계할 필요가 전혀 없다.

둘째로, 그리스도인들은 복음 전도에 있어서 비열한 방법을
거부한다. 우리의 신앙의 본성은 우리로 하여금 복음을 다른
사람들과 나누게 하지만, 우리의 방법은 공개적으로 정직하
게 복음을 진술하고 그것을 듣는 이가 전적으로 자유롭게 자
신의 의사에 따라 결단하게 하는 것이다. 우리는 다른 종교를
가진 사람들에 대해 민감하고자 하며, 그들의 회심을 강요하
는 어떤 방법도 거부한다.

셋째로, 그리스도인은 기독교에 대한 자유뿐만 아니라, 진심
으로 모든 사람이 종교의 자유를 갖기를 간절히 바란다. 기독
교가 우세한 국가에서는 그리스도인이 앞장서서 다른 소수

종교를 위해 자유를 요청하고 있다. 비기독교 국가의 그리스
도인들은 비슷한 상황에 처한 다른 종교인들을 위한 자유 이
상으로 자신들의 자유를 요구하고 있지는 않다. 세계인권선
언(the Universal Declaration of Human Rights)에 정의된 바대로, 종교를
"고백하고, 실천하고, 전하는" 자유는 분명히 상호 인정할 수
있는 권리이며, 또 마땅히 그래야만 한다.

우리는 예수님을 따르는 사람들이 비열한 방법으로 전도해
서 죄를 지었다면, 이에 대해 깊은 유감을 표한다. 우리는 그
리스도의 이름이 불명예스럽게 되지 않도록 어떠한 일에도
불필요한 공격을 하지 않기로 다짐한다. 그러나 십자가를 공
격한다면 이를 회피할 수 없다. 십자가에 달리신 그리스도를
위해 우리는 하나의 은총으로 고난도 받고 죽을 준비가 되어
있기를 위해 기도한다. 순교는 그리스도가 특별히 귀중하게
여기겠다고 약속하신 증인 됨의 한 방식이다.

[요 15:20; 마 5:12; 요 12:24; 렘 29:7; 딤전 2:1-2; 롬 13:6-7; 행 4:19, 5:29; 고후 4:1-2,
6:3; 고전 1:18, 23, 2:2; 빌 1:29; 계 2:13, 6:9-11, 20:4]

맺음말: 그리스도께서 오실 때까지 그를 선포하라

제2차 로잔 대회의 주제는 "그리스도께서 오실 때까지 그를
선포하라"이다. 물론 우리는 그리스도가 이미 오셨음을 믿는
다. 그분은 아우구스투스가 로마의 황제였을 때 이 땅에 오셨
다. 그러나 우리가 아는 바, 그분의 약속대로 어느 날 그분의

나라를 완성하기 위해 상상할 수 없는 영광 속에 다시 오실 것이다. 우리는 깨어 준비하고 있으라는 명령을 받았다. 이 초림과 재림 사이의 간격은 기독교 선교 활동으로 채워져야 한다. 우리는 복음을 가지고 땅끝까지 가라는 명령을 받았으며, 주님은 그렇게 할 때 이 시대의 종말이 올 것이라고 약속하셨다. 이 두 가지 마지막(곧 시간과 공간의 우주적 종말)이 동시에 있을 것이다. 그때까지 주님은 우리와 함께 있겠다고 약속하셨다.

그러므로 기독교 선교는 긴급한 과업이다. 우리는 선교를 위한 시간이 얼마나 남아 있는지 모른다. 분명 허비할 시간은 없다. 그리고 우리의 의무를 시급히 수행하기 위해서 우리가 갖추어야 할 것이 있는데, 특히 연합(함께 전도해야 한다)과 희생(복음화를 위한 대가를 알고, 또 치러야 한다)이 필요할 것이다.

로잔에서 우리는 온 세상의 복음화를 위해 함께 기도하고, 계획하고, 일할 것을 언약했다. 마닐라에서 우리는 온 교회가 온 세상에 온전한 복음을 가지고 나아가 하나가 되어 희생적으로 주님이 재림하실 때까지 긴급하게 그리스도를 선포할 것을 선언하는 바이다.

[눅 2:1-7; 막 13:26-27, 13:32-37; 행 1:8; 마 24:14, 28:20]

Ⅲ

케이프타운 서약

(2010)

| 케이프타운 서약 |

2010年

머리말

2010년 10월 16일부터 25일까지 케이프타운에서 세계 복음화를 위한 제3차 로잔 대회가 열렸다. 이 대회에 참여하기 위해 198개국에서 온 4,200여 명의 복음주의 지도자들이 한자리에 모였다. 전 세계에서 온라인으로 참여한 인원을 합하면 대회 규모는 수십만으로 확대된다. 이 대회의 목적은 예수 그리스도와 그분의 모든 가르침을 모든 나라와 전 사회 영역과 사상계에 증거하도록 온 세계 교회를 일깨우는 것이었다.

케이프타운 서약은 이러한 노력의 결실이다. 이 서약은 로잔 언약과 마닐라 선언에 기초하며, 그 역사적 연속선상에 있다. 이 서약은 두 부분으로 구성되어 있는데, 1부는 성경을 통해 우리에게 전해진 성경적 확신들을 제시하며, 2부는 그에 따른 행동을 요청하는 내용이다.

1부의 작성은 이렇게 진행되었다. 2009년 12월 미국 미니애폴리스에서 세계의 모든 대륙으로부터 초대된 18명의 복음주의 신학자와 지도자가 모였고, 그들은 그 자리에서 이 서약문의 내용을 처음으로 토론하였다. 그리고 로잔신학위원회

(Lausanne Theology Working Group) 위원장인 크리스토퍼 라이트를 중심으로 한 소위원회가 위임을 받아 케이프타운 대회에 제출할 서약문 최종안을 작성하였다.

2부의 작성 과정은 이렇다. 대회가 열리기 3년여 전부터 폭넓은 의견 수렴의 과정이 진행되었다. 로잔 운동의 지역 총무들은 그들이 속한 지역에서 협의회를 구성했고, 지역의 기독교 지도자들에게 교회가 직면하고 있는 주요 문제가 무엇인지 확인해 달라는 요청을 하였다. 이 과정에서 여섯 가지 핵심 이슈가 드러났다. 이 이슈들은 (1) 대회 프로그램의 내용이 되었고, 이후 발표된 (2) 행동 요청 부분의 골격이 되었다. 이러한 경청의 과정은 대회 기간 내내 이루어졌고, 크리스토퍼 라이트와 서약문 작성 소위원회가 이 모든 의견을 충실하게 담아내려고 노력했다. 그것은 실로 방대한 작업이었고 기념비적인 노력이었다.

이렇게 만들어진 케이프타운 서약은 앞으로 10년간 로잔 운동의 방향을 제시하는 청사진이 될 것이다. 우리의 바람은 함께 일하고 함께 기도하자고 촉구하는 케이프타운 서약의 예언자적 부름을 들은 모든 교회, 선교 단체, 신학교, 일터의 그리스도인들, 그리고 캠퍼스의 학생 단체들이 이 비전을 실천하는 일에 동참하는 것이다.

서약에 제시된 많은 교리적 진술들은 교회가 믿는 바를 확언한 것이다. 그리고 우리는 이것이 선언에 그치지 않도록 믿음과 실천을 연결하고자 했다. 우리는 바울의 모범을 따랐다. 신학적 가르침을 실천적인 교훈으로 구체화한 일례로, 바울은 골로새서에서 그리스도의 탁월성을 심오하고 경이롭게 묘사한 다음 그리스도 안에 뿌리를 내리는 것이 무엇을 의미하는지를 일상적인 수준의 가르침으로 제시한다.

우리는 기독교 복음의 핵심과 주변 이슈들을 구별하고자 한다. 우리가 일치를 이루어야 하는 주요 진리들이 있고, 진실한 그리스도인들이라도 어떤 부분에서는 성경의 가르침이나 명령에 대해 달리 해석할 수 있다. 이 부분에서 우리는 로잔의 원리인 "경계 안에서의 포용"(breadth within boundaries)을 적용하고자 하였다. 1부에서 바로 이런 경계들을 명료하게 규정한다.

이 모든 과정의 각 단계마다 세계복음주의연맹(World Evangelical Alliance)과 협력할 수 있었던 것을 기쁘게 생각한다. 세계복음주의연맹의 지도자들은 "케이프타운 신앙 고백"과 "케이프타운 행동 요청"의 내용에 전적으로 동의하고 있다.

우리는 로잔 운동에 속하여 복음주의 전통 위에 서서 말하고 글을 쓰고 있지만, 그리스도의 몸은 하나임을 고백한다. 그리고 다른 전통들에도 주 예수 그리스도를 따르는 수많은 이들이 존재함을 인식하며 기뻐한다. 우리는 케이프타운 대회에 참관인으로 방문한 다른 기독교 전통의 역사적 교회를 대표하는 지도자들을 환영하였다. 우리는 케이프타운 서약이 다른 전통에 속한 교회들에게도 유익을 줄 것이라 믿으며 겸허한 마음으로 이 문서를 내놓는다.

케이프타운 서약을 통해 우리가 기대하는 것은 무엇인가? 우리는 사람들이 이것을 전 세계 복음주의자들이 하나가 되어 발표한 소중한 문서로 여기며 이 서약에 대해 대화하고 토론하게 되기를 바란다. 이 서약은 기독교 사역의 의제를 형성하고 공적 영역에서 일하는 사상가-지도자들의 힘을 북돋아 줄 것이다. 이 서약으로 말미암아 대담한 계획들과 협력 과제들이 생겨날 것이다.

하나님의 말씀이 우리의 길에 빛을 비추고, 주 예수 그리스도의 은혜와 하나님의 사랑과 성령의 교통하심이 우리 각 사람에게 함께하기를.

S. 더글라스 버드설 (S. Douglas Birdsell) | 로잔위원회 의장

린지 브라운 (Lindsay Brown) | 로잔 국제 총무

서문

전 세계에 존재하는 예수 그리스도의 교회의 일원으로서, 우리는 살아 계신 하나님과 주 예수 그리스도를 통한 그분의 구원 계획에 헌신하고 있음을 기쁘게 확언한다. 그분을 위해, 우리는 로잔 운동의 비전과 목표에 대한 우리의 헌신을 새롭게 한다.

이것은 두 가지를 의미한다.

첫째, 우리는 예수 그리스도와 그분의 모든 가르침을 전 세계에 증거하는 과업에 여전히 헌신한다. 제1차 로잔 대회(1974)는 세계 복음화라는 과업을 위해 소집되었다. 이 대회가 세계 교회에 남긴 중요한 선물 가운데에는 (1) 로잔 언약, (2) 미전도 종족 집단의 수에 대한 새로운 인식, 그리고 (3) 성경적 복음과 기독교 선교의 총체적 본질에 대한 신선한 발견이 있었다. 마닐라에서 열린 제2차 로잔 대회(1989)는 세계 복음화를 위한 300개 이상의 전략적인 동반자 관계를 탄생시켰는데, 그중 많은 수는 국제적인 수준의 협력 관계였다.

둘째, 우리는 로잔 운동의 주요 문서인 로잔 언약(1974)과 마닐라 선언(1989)에 여전히 헌신한다. 이 문서들은 성경적 복음의 핵심 진리들을 명료하게 표현하고 있으며, 그 진리들을 여전히 적실하고 도전적인 방식으로 우리의 선교 사역에 적용하고 있다. 우리는 이 문서들에서 약속했던 내용을 신실하게 지키지 못했음을 고백한다. 그러나 우리는 이 문서들을 신뢰하고 지지하며, 이 문서들을 통해 우리 세대의 변화하는 세상 속에서 복음의 영원한 진리를 어떻게 표현하고 적용할지를 분별하고자 한다.

변화하는 현실

우리가 살고 생각하고 서로 관계 맺는 방식과 관련된 거의 모든 것이 점점 빠른 속도로 변화하고 있다. 좋건 나쁘건 우리는 세계화와 디지털 혁명, 그리고 경제적·정치적 권력의 균형 변화가 가져오는 충격을 느끼고 있다. 우리가 직면하는 어떤 것들, 즉 전 세계적인 빈곤, 전쟁, 종족 간의 갈등, 질병, 생태 위기, 기후 변화는 슬픔과 불안을 낳고 있다. 그러나 한 가지 기뻐할 만한 커다란 변화가 있는데, 그것은 바로 그리스도의 교회가 전 세계적으로 성장한 것이다.

제3차 로잔 대회가 아프리카에서 개최되었다는 사실이 그 증거이다. 현재 전 세계 그리스도인들 중 최소한 3분의 2가 지구의 남쪽과 동쪽 대륙에 살고 있다. 케이프타운 대회의 구성에는 1910년 에든버러 세계선교대회 이후 한 세기 동안 세계 기독교에 일어난 이 거대한 변화가 반영되어 있다. 우리는 아프리카 교회의 놀라운 성장을 기뻐하며, 그리스도 안에 있는 우리 아프리카 형제자매들이 이 대회를 개최한 것을 기뻐한다. 동시에, 우리는 남아프리카공화국에서 모이면서 과거 아파르트헤이트(남아프리카공화국의 인종분리정책) 아래 겪은 고통의 시간들을 생각하지 않을 수 없었다.

그러므로 우리는 최근의 역사 속에 나타난 복음의 진보와 하나님의 주권적인 의로 인해 감사드리며 한편으로는 계속되는 악과 불의의 유산들과 여전히 씨름한다. 이런 일은 모든 곳에서 교회가 거듭 증거해야 할 역할이다.

우리는 기독교 선교를 통해 우리 세대의 현실에 대해 응답해야 한다. 우리는 또한 우리가 이전 세대로부터 물려받은 지혜와 오류, 성취와 실패로부터 배워야 한다. 우리는 그 손에 모든 역사를 붙들고 계신 하나님의 이름으로, 과거를 손숭하고 애통하며 미래를 대면한다.

불변하는 현실

세상은 점점 빠른 속도로 스스로를 바꾸어 가고 있지만, 그 속에서도 어떤 것들은 동일하게 남아 있다. 이 위대한 진리들이 우리가 선교적 참여에 나서야 하는 성경적인 이유를 제공한다.

• 인간은 상실을 경험한다. 인간의 근본적인 곤경은 성경이 묘사한 대로 남아 있다. 즉 우리는 모두 죄와 반역 때문에 하나님의 정의로운 심판 아래 있으며 그리스도 없이는 우리에게 아무런 희망이 없다.

• 복음은 좋은 소식이다. 복음은 신선한 생각을 불어넣어야 할 개념이 아니라, 신선한 방식으로 전해져야 할 이야기이

다. 그것은 하나님이 세상을 구원하시기 위해 무엇을 하셨는지, 특별히 예수 그리스도의 삶과 죽음, 부활과 통치라는 역사적 사건 속에서 무엇을 하셨는지를 들려주는 불변하는 이야기이다. 그리스도 안에 소망이 있다.

♦ 교회의 선교는 계속된다. 하나님의 선교는 땅끝까지, 그리고 세상 끝 날까지 계속된다. 이 세상 나라들이 우리 하나님과 그리스도의 나라가 되고, 하나님이 새 창조 속에서 구속받은 인류와 함께 거하실 날이 올 것이다. 그날까지 교회는 기쁜 마음으로 긴박감을 가지고 하나님의 선교에 계속 참여할 것이며, 우리 세대를 포함한 모든 세대 안에서 새롭고 흥분되는 참여의 기회를 맞이할 것이다.

우리의 사랑과 열정

이 선언문은 사랑의 언어라는 틀 안에서 작성되었다. 사랑은 언약의 언어이다. 성경의 언약들은 새것이든 옛것이든, 잃어버린 인류와 손상된 창조 세계를 향해 펼쳐지는 하나님의 구속하시는 사랑과 은혜의 표현이다. 그 언약들은 그에 대한 보답으로 우리의 사랑을 요청한다. 우리의 사랑은 언약자이신 주님에 대한 신뢰와 순종과 열정적인 헌신을 통해 그 모습을 드러낸다. 로잔 언약은 복음화를 "온 교회가 온전한 복음을 온 세상에 전하는" 것으로 정의하였다. 그 말은 여전히 우리의 열정을 표현한다. 그러므로 우리는 다음을 다시 확언함으로써 로잔 언약을 갱신한다.

- 우리는 온전한 복음을 사랑한다. 이 복음은 그리스도 안에서, 죄와 악에 의해 황폐화된 창조 세계의 모든 차원을 회복하시는 하나님의 영광스러운 좋은 소식이다.

- 우리는 온 교회를 사랑한다. 교회는 그리스도가 땅 위의 모든 나라와 역사와 시대에 걸쳐 구속하신 하나님의 백성이며, 이 시대에는 하나님의 선교에 참여하고, 다가올 시대에는 하나님을 영원히 영화롭게 할 사람들이다.

- 우리는 온 세상을 사랑한다. 세상은 하나님으로부터 멀어졌으나 하나님은 세상을 가슴에 품으셨다. 하나님은 세상을 구원하시려고 독생자를 주시기까지 세상을 사랑하셨다.

이렇게 세 겹으로 엮인 사랑에 사로잡혀 우리는 온전한 교회가 되는 일에, 온전한 복음을 믿고 순종하고 나누는 일에, 그리고 온 세상으로 나아가 모든 나라를 제자 삼는 일에 우리 자신을 새롭게 헌신한다.

| 우리가 사랑하는 주님을 위하여 |

케이프타운 신앙 고백

1

우리는 하나님이 먼저 우리를 사랑하셨기에
하나님을 사랑한다

하나님의 선교는 하나님의 사랑에서 흘러나온다. 하나님 백성의 선교는 하나님을 향한, 그리고 하나님이 사랑하시는 모든 이를 향한 사랑에서 흘러나온다. 세계 복음화는 하나님의 사랑이 우리를 향해, 그리고 우리를 통해 흘러나온 결과이다. 우리는 하나님의 은혜가 우선함을 확언한다. 그 은혜에 우리가 믿음으로 응답하며, 그 응답은 사랑의 순종으로 나타난다. 우리가 사랑하는 것은 하나님이 먼저 우리를 사랑하셨고 우리 죄를 위한 대속물로 아들을 보내셨기 때문이다.[1]

A. 하나님 사랑과 이웃 사랑은 모든 율법과 예언서를 지탱하는 처음이자 가장 위대한 계명이다. 사랑은 율법의 완성이자 성령의 첫 번째 열매이다. 사랑은 우리가 거듭난 표지요, 우리가 하나님을 아는 것을 확신하게 하며, 하나님이 우리 안에 거하신다는 증거이다. 사랑은 그리스도의 새 계명으로서, 그리

---

1 갈 5:6; 요 14:21; 요일 4:9, 19.

스도는 제자들에게 오직 이 계명에 순종함으로써만 그들의 선교가 가시화되고 신뢰할 만한 것이 되리라 말씀하셨다. 그리스도인이 서로 사랑하는 것은 성육신한 아들을 통해 자신을 드러내신 보이지 않는 하나님이 계속해서 세상에 자신을 드러내시는 방식이다. 사랑은 믿음과 소망과 함께 바울이 새 신자들에게 모범을 보이며 당부했던 첫 번째 사항 가운데 하나였다. 그러나 사랑은 그중에서도 가장 위대한데, 그것은 사랑이 영원하기 때문이다.[2]

B. 이 사랑은 결코 연약하거나 감상적이지 않다. 하나님의 사랑은 언약에 신실하고, 헌신적이며, 자기를 내어 주고, 희생적이며, 강하고, 거룩하다. 하나님은 사랑이시기에 사랑은 그분의 전 존재와 모든 행위, 그분의 긍휼뿐 아니라 정의에도 스며들어 있다. 하나님의 사랑은 그분의 모든 창조 세계를 향한다. 우리는 창조 세계의 모든 차원에서 하나님의 사랑을 반영하는 모습으로 사랑하라는 명령을 받았다. 이것이 주님의 길을 따라 걷는다는 말의 의미이다.[3]

C. 따라서 사랑의 언어로 우리의 확신과 헌신을 재정의하면서 우리는 다음과 같은 가장 기본적이면서도 어려운 성경의 도전을 받아들인다.

1. 마음과 영혼과 생각과 힘을 다해 주 우리 하나님을 사랑하라.

2. 외국인과 원수를 포함해 이웃을 우리 자신처럼 사랑하라.

---

2 마 22:37-40; 롬 13:8-10; 갈 5:22; 벧전 1:22; 요일 3:14, 4:7-21; 요 13:34-35, 1:18; 요일 4:12; 살전 1:3; 고전 13:8, 13.

3 신 7:7-9; 호 2:19-20; 11:1; 시 103편, 145:9, 13, 17; 갈 2:20; 신 10:12-19.

3. 하나님이 그리스도 안에서 우리를 사랑하셨듯이 서로 사랑하라.

4. 독생자를 주시고 그분을 통하여 세상을 구원하시는 하나님의 사랑으로 세상을 사랑하라.[4]

D. 이 사랑은 우리 마음에 부어진 하나님의 선물이지만, 또한 우리의 의지적 순종을 요구하시는 하나님의 명령이기도 하다. 이 사랑을 행하는 것은 그리스도를 닮는 것을 의미한다. 즉 인내 가운데 강건하고, 겸손 가운데 온유하며, 굳세게 악에 저항하고, 부드러운 마음으로 고난당하는 자들을 긍휼히 여기며, 용감하게 고난을 받고, 죽음 앞에서조차 신실한 것이다. 그리스도는 지상에서 이러한 사랑의 모범을 보이셨고 영광 가운데 부활하신 후 그 사랑의 기준으로 심판하신다.[5]

우리는 이러한 포괄적인 성경적 사랑이 예수님의 제자들을 규정하는 정체성이자 특징이 되어야 함을 확언한다. 예수님의 기도와 명령에 응답하는 가운데 우리의 모습도 그렇게 되기를 염원한다. 하지만 슬프게도 우리는 너무나 자주 그렇지 않음을 고백한다. 따라서 우리는 사랑-하나님을 향한 사랑, 서로를 향한 사랑, 그리고 세상을 향한 사랑-안에서 걷는다는 것의 의미를 나타내는 방식으로 살고, 생각하고, 말하고, 행동하는 일에 모든 노력을 기울이며, 이 일에 우리 자신을 다시 새롭게 헌신한다.

---

4 신 6:4-5; 마 22:37; 레 19:18, 34; 마 5:43-45; 요 15:12; 엡 4:32; 요 3:16-17.
5 롬 5:5; 고후 5:14; 계 2:4.

2

우리는 살아 계신 하나님을 사랑한다

우리가 사랑하는 하나님은 성경을 통해 자신을 유일하시고 영원하시며 살아 계신 하나님으로서 주권적인 뜻에 따라, 그리고 자신의 구원 목적을 위해, 모든 것을 다스리시는 분으로 계시하신다. 성부와 성자와 성령 하나님은 하나이시며 오직 하나님만이 창조주이시요 통치자이시며 심판자이시고 세상의 구원자이시다.[6] 그래서 우리는 하나님을 사랑한다. 창조 세계에서 우리의 위치로 인해 그분께 감사하고, 그분의 주권적인 섭리에 순종하고, 그분의 정의를 신뢰하며, 그분이 우리를 위해 이루신 구원으로 인해 그분을 찬양한다.

A. 우리는 모든 경쟁하는 것들 위에 계시는 하나님을 사랑한다. 우리는 살아 계신 하나님 한 분만을 사랑하고 예배하라는 명령을 받았다. 그러나 우리는 구약의 이스라엘처럼 이 세상의 신들, 우리 주변의 신들을 좇음으로써 하나님을 향한 우리의 사랑이 혼탁해지도록 만들었다.[7] 우리는 하나님보다는 맘몬을 섬기며 탐욕과 권력과 성공 같은 많은 우상들에 현혹되어 혼합주의에 빠졌다. 우리는 성경적으로 비판하지 않은 채 이 세상의 지배적인 정치적·경제적 이데올로기를 받아들이고 있다. 우리는 종교다원주의의 압력 아래 그리스도의 유일성에 대한 우리의 믿음을 타협하도록 유혹받고 있다. 이스라

---

6 신 4:35, 39; 시 33:6-9; 렘 10:10-12; 신 10:14; 사 40:22-24; 시 33:10-11, 13-15, 96:10-13, 36:6; 사 45:22.

7 갈 5:6; 요 14:21; 요일 4:9, 19.

엘처럼 우리는 회개하고, 모든 우상을 버리고, 하나님 한 분만 순종하며 사랑하고 예배하는 자리로 돌아가라는 예언자들과 예수님의 부르심에 귀를 기울여야 한다.

B. 우리는 하나님의 영광에 대한 열정을 품고 그분을 사랑한다. 우리가 선교를 하는 가장 위대한 동기는 하나님이 자신의 선교를 진행하시는 동기와 동일하다. 즉 한 분이시며 참되시고 살아 계신 하나님이 그분의 창조 세계 모든 곳에서 알려지시고 영광 받으시는 것이다. 이것이 하나님의 궁극적인 목표이며, 또한 우리의 가장 큰 기쁨이어야 한다. 존 스토트(John Stott)는 다음과 같이 말한다.

"모든 나라가 예수님께 무릎을 꿇고 모든 혀가 그분을 고백하는 것을 하나님이 원하신다면 우리도 그것을 원해야 한다. 우리는 그분의 이름을 높이기 위해 (성경이 종종 이 단어를 사용하듯이) '질투심'을 내야 한다. 우리는 그분의 이름이 알려지지 않은 채 남아 있는 현실을 안타까워하며, 그분의 이름이 무시당할 때 상처 입으며, 그분의 이름이 모독 당할 때 분노해야 한다. 이 질투심은 우리로 하여금 언제나 하나님을 경외하고 영화롭게 하길 갈망하며 결심하게 한다. 선교의 동기들 가운데 최상의 동기는 (물론 중요하지만) 지상 명령에 대한 순종도 아니고, (하나님의 진노를 생각할 때 특히 더 강해지는) 버림받고 멸망당할 죄인들에 대한 사랑도 아니다. 그것은 오직 예수 그리스도의 영광을 위해 불꽃처럼 타오르는 거룩한 열심(zeal)이다. … 이러한 기독교 선교의 궁극적 목표 앞에 모든 무가치한 동기들은 시들고 사라진다."[8]

살아 계신 하나님이 이 세상에서 영광을 받지 못하시는 것은 우리의 가장 큰 슬픔이어야 한다. 살아 계신 하나님은 공격적인 무신론에 의해 거부당하고 있다. 유일하시고 참되신 하나님이 세상 종교들의 관습 속에서 대체되거나 왜곡되고 있다. 우리 주 예수 그리스도는 대중문화 속에서 오용되고 잘못 전해지고 있다. 그리고 성경의 계시 속에 나타난 하나님의 얼굴은 명목상의 기독교와 혼합주의, 그리고 위선 때문에 가려졌다.

사랑의 하나님은 당신을 거부하거나 왜곡하는 세상 가운데 계시면서, 우리에게 담대하고도 겸손하게 하나님을 증거할 것을, 하나님의 아들이신 그리스도의 복음의 진리를 부드럽고도 확고하게 변증하기를, 그리고 죄를 깨닫게 하고 진리를 확신케 하는 성령의 사역을 기도하며 신뢰하기를 요청하신다. 우리는 이러한 증거의 사역에 헌신한다. 우리가 하나님을 사랑한다고 주장한다면 하나님의 최우선 순위에도 함께해야 하기 때문이다. 그것은 바로 그분의 이름과 그분의 말씀이 모든 것 위에 높임을 받으시는 것이다.[9]

---

8 John Stott, *The Message of Romans*, The Bible Speaks Today (Leicester and Downers Grove: IVP, 1994), p. 53. 존 스토트, 《로마서 강해》(IVP, 2015).

9 시 138:2.

3

우리는 성부 하나님을 사랑한다

우리는 하나님의 아들이신 예수 그리스도를 통해, 길이요 진리요 생명이신 오직 그분만을 통해 하나님을 아버지로 알고 사랑하게 된다. 성령이 우리가 하나님의 자녀임을 우리의 영과 더불어 증거하시므로, 우리는 예수님이 기도하신 대로 "아바 아버지"라는 말로 부르짖으며, 예수님이 가르치신 기도대로 "우리 아버지"라고 기도한다. 우리는 예수님을 사랑하고(이 사랑은 계명을 순종함으로써 증명된다) 아버지는 그런 우리를 사랑하시어 아들과 함께 우리 안에 거하시면서 사랑을 주고받으신다.[10] 이러한 친밀한 관계에는 깊은 성경적 근거가 있다.

A. 우리는 자기 백성의 아버지이신 하나님을 사랑한다. 구약의 이스라엘은 하나님을 아버지로, 곧 그들을 존재하게 하시고, 그들을 인도하고 훈련시키시며, 그들에게 순종을 요구하시고, 그들의 사랑을 갈망하시며, 긍휼 가득한 용서와 인내하는 사랑을 베푸신 분으로 알고 있다.[11] 이 모든 것은 아버지 하나님과 관계 맺은, 그리스도 안에서 하나님의 백성 된 우리에게도 여전히 해당된다.

B. 우리는 우리의 구원을 위해 독생자를 주시기까지 세상을 사랑하신 아버지 하나님을 사랑한다. 우리를 하나님의 자녀로 부르신 하나님 아버지의 사랑이 얼마나 크고 놀라운지! 독

---

10 요 14:6; 롬 8:14-15; 마 6:9; 요 14:21-23.

11 신 32:6, 18, 1:31, 8:5; 사 1:2; 말 1:6; 렘 3:4, 19, 31:9; 호 11:2; 시 103:13; 사 63:16, 64:8-9.

생자를 아끼지 않고 우리 모두를 위해 내어 주신 아버지의 사랑을 어찌 다 측량할 수 있겠는가! 아들을 주신 아버지의 사랑은 자신을 내어 주신 아들의 사랑으로 나타났다. 아버지와 아들이 영원하신 성령을 통해 십자가에서 성취하신 속죄 사역에서는 하나님의 의지가 서로 완전한 조화를 이루었다. 아버지는 세상을 사랑하셔서 자신의 아들을 주셨다. "하나님의 아들이 나를 사랑하셨고 나를 위해 자신을 내어 주셨다." 예수님 자신에 의해 확증된 아버지와 아들의 하나 됨은 바울 서신에서 가장 자주 반복되는 문안 인사에 반영된다. "우리의 죄를 위해 자신을 내어 주신 주 예수 그리스도와 우리 아버지 하나님으로부터 은혜와 평강이 넘치기를 … 우리 하나님 아버지의 뜻을 따라 영광이 그에게 영원토록 있을지어다. 아멘."[12]

C. 우리는 아버지 하나님을 사랑하며 그분의 성품을 닮고 그분의 돌봄을 신뢰한다. 예수님은 산상설교에서 하늘에 계신 아버지가 우리 행동의 모범 혹은 중심이셔야 한다고 반복하여 말씀하신다. 우리는 하나님의 자녀로서 화평케 하는 자가 되어야 한다. 우리는 선을 행하여 아버지가 찬양을 받으시도록 해야 한다. 우리는 하나님 아버지의 자비로운 사랑을 본받아 원수를 사랑해야 한다. 우리는 오직 아버지께만 보이기 위해 구제와 기도와 금식을 해야 한다. 아버지가 우리를 용서하시듯 우리도 다른 이들을 용서해야 한다. 우리는 근심하지 말고 아버지의 공급하심을 신뢰해야 한다. 그리스도인의 성품

---

12 요 3:16; 요일 3:1; 롬 8:32; 히 9:14; 갈 2:20, 1:4-5.

에서 흘러나오는 이러한 행위들을 통해 우리는 하나님의 통치 안에서 하늘에 계신 우리 아버지의 뜻을 이룬다.[13]

우리는 하나님이 아버지라는 진리를 종종 무시해 왔고 그분과의 관계의 풍성함을 잃어버렸던 것을 고백한다. 우리는 아들이신 그리스도를 통해 아버지께 새로운 마음으로 나아간다. 곧 아버지의 사랑을 받고 응답하며, 아버지의 훈계에 순종하며 살아가고, 모든 행위와 태도에서 아버지의 성품을 반영하고, 우리를 인도하시는 환경이 어떠하든 아버지의 공급하심을 신뢰할 것이다.

---

13 마 5:9, 16, 43-48, 6:4, 6, 14-15, 18, 25-32, 7:21-23.

4

우리는 성자 하나님을 사랑한다

하나님은 이스라엘에게 전적인 충성으로 주 하나님을 사랑하라고 명령하셨다. 마찬가지로 우리가 주 예수 그리스도를 사랑하는 것은 그분만이 구원자이시고 주님이시며 하나님이심을 확고히 단언한다는 것을 의미한다. 성경은 예수님이 하나님과 동등한 주권적 사역을 수행하신다고 가르친다. 그리스도는 만물의 창조주이시요, 역사의 통치자이시며, 열방의 심판자이시요, 하나님께 돌아오는 모든 이의 구원자이시다.[14] 그분은 아버지와 아들과 성령의 거룩한 동등함과 하나 됨 안에서 하나님의 정체성을 공유하신다. 하나님이 이스라엘을 언약적 신앙으로, 순종으로, 그리고 섬김을 통한 증거로써 그분을 사랑하라고 부르셨듯이, 우리는 예수 그리스도를 신뢰하고 순종하며 전파함으로써 그분을 향한 우리의 사랑을 확증한다.

A. 우리는 그리스도를 신뢰한다. 우리는 나사렛 예수가 메시아이시며, 구약 이스라엘의 고유한 사명을 성취하기 위해 하나님이 지명하여 보내신 분이라는 복음서의 증거를 믿는다. 그 사명은 하나님이 아브라함에게 약속하셨듯이 하나님의 구원이라는 복을 열방에 가져오는 것이다.

---

14 요 1:3; 고전 8:4-6; 히 1:2; 골 1:15-17; 시 110:1; 막 14:61-64; 엡 1:20-23; 계 1:5, 3:14, 5:9-10; 롬 2:16; 살후 1:5-10; 고후 5:10; 롬 14:9-12; 마 1:21; 눅 2:30; 행 4:12, 15:11; 롬 10:9; 딛 2:13; 히 2:10, 5:9, 7:25; 계 7:10.

1. 성령으로 잉태되어 동정녀 마리아에게서 나신 예수님 안에서, 하나님은 우리 인간의 육신을 취하셔서 온전한 신으로, 그리고 온전한 인간으로 우리 가운데 사셨다.

2. 예수님은 일생 동안 하나님에 대한 완전한 신실함과 순종으로 사셨다. 그분은 하나님 나라를 선포하고 가르치셨으며, 그분의 제자들이 하나님의 통치 아래서 어떻게 살아가야 하는지를 몸소 보여 주셨다.

3. 예수님은 그분의 사역과 기적을 통해 악과 악의 권세에 대한 하나님 나라의 승리를 선포하시고 증거하셨다.

4. 예수님은 십자가의 죽음을 통해 우리를 대신해 죄를 지셨고, 죄의 완전한 대가, 형벌, 수치를 감당하셨으며, 죽음과 악의 권세를 물리치셨고, 모든 피조물의 화해와 구속을 성취하셨다.

5. 예수님은 몸의 부활을 통해 하나님으로부터 의로움을 입증받고 높임 받으셨으며, 십자가의 완전한 승리를 성취하시고 드러내셨으며, 구속받은 인류의 첫 열매가 되셨고, 창조 세계를 회복시키셨다.

6. 예수님은 승천하셔서서 주(主)로서 모든 역사와 만물을 다스리고 계신다.

7. 예수님은 다시 오셔서 하나님의 심판을 실행하시고 사탄과 악과 죽음을 궤멸하시며 하나님의 우주적 통치를 완성하실 것이다.

8. 우리는 그리스도께 복종한다. 예수님은 우리를 제자로 부르신다. 이는 자기 십자가를 지고 자기 부인과 섬김과 순종의

길을 걷는 것이다. 예수님은 이렇게 말씀하셨다. "만일 너희가 나를 사랑한다면 내 계명을 지키라." "너희는 나를 불러 주여 주여 하면서도 어찌하여 내가 말하는 것을 행하지 아니하느냐?" 우리는 그리스도가 사셨던 것처럼 살고 그리스도가 사랑하셨던 것처럼 사랑하도록 부름 받았다. 그리스도를 고백하되 그분의 계명을 무시하는 것은 위험하고도 어리석은 행위이다. 예수님은 우리에게 그분의 이름으로 놀랍고 기적적인 사역을 행하는 많은 사람들이 불법을 행하는 자이며 그분께 속하지 않은 것이 드러나리라고 경고하신다.[15] 우리 중 누구도 이런 두려운 결과를 무시할 수 없기에 그리스도의 경고에 귀를 기울인다.

C. 우리는 그리스도를 선포한다. 하나님은 오직 그리스도 안에서 온전히, 그리고 궁극적으로 자신을 계시하셨으며, 오직 그리스도를 통해 세상의 구원을 성취하셨다. 그러므로 우리는 제자로서 나사렛 예수의 발아래 무릎 꿇고 "주는 그리스도시요 살아 계신 하나님의 아들"이라고 고백한 베드로와 "나의 주님이시요 나의 하나님"이라고 고백한 도마의 신앙을 동일하게 고백한다. 비록 우리는 그분을 본 적이 없지만 그분을 사랑한다. 그리고 우리는 그분을 있는 그대로 보게 될 날, 곧 그분이 다시 오실 날을 열망하며 소망 가운데 즐거워한다. 그날이 올 때까지 우리는 베드로와 요한과 함께 "다른 이로써는 구원을 받을 수 없나니 천하 사람 중에 구원을 받을 만한 다른

---

15 눅 6:46; 요일 2:3-6; 마 7:21-23.

이름을 우리에게 주신 일이 없음이라”고 선포한다.[16]

우리는 예수 그리스도와 그분의 모든 가르침을 온 세상에 증거하는 데 새롭게 헌신한다. 이 증거는 우리 자신이 그분의 가르침에 순종하며 살 때에만 가능한 일이다.

5

우리는 성령 하나님을 사랑한다

우리는 성령을 사랑한다. 성령은 삼위일체의 하나 됨 안에서 성부 하나님, 성자 하나님과 함께 계신다. 성령은 선교적인 하나님과 선교적인 아들에 의해 보냄 받은 선교의 영이시며, 하나님의 선교적 교회에 생명과 능력을 불어넣으신다. 우리는 성령의 임재를 사모하고 이를 위해 기도한다. 그리스도에 대한 성령의 증거가 없는 한 우리 자신의 증거는 헛되기 때문이다. 죄를 깨닫게 하는 성령의 사역이 없으면 우리의 선교는 헛되다. 성령의 은사, 인도, 능력이 없으면 우리의 선교는 단지 인간적인 노력일 뿐이다. 성령의 열매가 없으면 우리의 매력 없는 삶은 복음의 아름다움을 나타낼 수 없다.

A. 우리는 구약성경에서 하나님의 영이 창조와 해방과 정의의 사역을 행하시며, 여러 가지 섬김을 실행하도록 사람들을 충만하게 하시고 능력을 주시는 것을 본다. 성령으로 충만한 예언자들은 하나님의 영으로 그 인격과 사역에 기름 부음 받으실, 장차 오실 왕이며 종이신 분을 고대했다. 예언자들은 또한 다가올 시대, 곧 하나님의 영의 부으심, 새로운 삶, 새로운 순종이 나타나며 하나님의 모든 백성에게 예언의 은사가 주어질 시대를 고대했다.[17]

---

17 창 1:1-2; 시 104:27-30; 욥 33:4; 출 35:30-36:1; 삿 3:10; 6:34; 13:25; 민 11:16-17, 29; 사 63:11-14; 벧후 1:20-21; 미 3:8; 느 9:20, 30; 슥 7:7-12; 사 11:1-5, 42:1-7, 61:1-3, 32:15-18; 겔 36:25-27, 37:1-14; 욜 2:28-32.

B. 오순절에 하나님은 예언자들과 예수님을 통해 약속하신 대로 그분의 성령을 부어 주셨다. 거룩하게 하시는 성령은 신자들의 삶에 열매를 맺게 하시는데, 그 첫 열매는 언제나 사랑이다. 성령은 그분의 은사들로 교회를 충만케 하시며 우리는 기독교적 봉사를 위한 필수 도구인 그 은사들을 간절히 염원한다. 성령은 우리에게 선교와 많은 다양한 섬김의 사역들을 위한 능력을 주신다. 성령은 우리에게 복음을 선포하고 제시하며 진리를 분별하고 기도하며 어둠의 세력들을 이길 능력을 주신다. 성령은 우리의 예배에 영감을 주시고 함께하신다. 또한 성령은 그리스도를 증거하기 위해 박해를 받거나 시련을 당하는 제자들을 굳건하게 하시고 위로하신다.[18]

C. 따라서 우리의 선교 사역은 성령의 임재와 인도와 능력이 없이는 의미도 없고 열매도 없다. 이것은 선교의 모든 차원, 곧 복음 전도, 진리 증거, 제자 훈련, 화평케 함, 사회 참여, 윤리적 변혁, 창조 세계 돌봄, 악한 세력을 물리침, 악한 영의 축출, 병든 자의 치유, 박해 아래 겪는 고난과 인내에 모두 해당된다. 우리가 그리스도의 이름으로 행하는 모든 것은 성령의 인도하심과 능력을 받아야만 한다. 신약성경은 초대 교회의 삶과 사도들의 가르침을 통해 이를 분명하게 보여 준다. 이러한 원리는 오늘날 예수님을 따르는 사람들이 성령의 능력을 의지하고 기대하는 가운데 확신 있게 행동하는 곳에서 교회

---

18 행 2; 갈 5:22-23; 벧전 1:2; 엡 4:3-6; 11-12; 롬 12:3-8; 고전 12:4-11; 14:1; 요 20:21-22; 14:16-17, 25-26; 16:12-15; 롬 8:26-27; 엡 6:10-18; 요 4:23-24; 고전 12:3; 14:13-17; 마 10:17-20; 눅 21:15.

들이 열매 맺고 성장함으로써 드러나고 있다.

성령의 인격과 사역, 그리고 능력이 없다면 참된 복음이나 온전한 복음, 그리고 진정한 성경적 선교도 없다. 우리는 이러한 성경적 진리에 대한 더 큰 각성이 일어나기를, 그리고 그리스도의 몸에 속한 전 세계의 모든 지체 안에서 그 경험이 실재화되기를 기도한다. 그러나 우리는 성령의 이름을 가장하는 수많은 오용들이 있음을 인식하며, 많은 사역에서 신약성경이 분명히 가르치는 성령의 은사가 아닌 여러 가지 일들이 실행되고 잔양받고 있음을 인식한다.

더욱 신중한 분별과 기만에 대한 분명한 경고와 불경건한 축재를 위해 영적 능력을 오용하며 자기를 섬기도록 남을 속이고 조작하는 자들에 대한 폭로가 절실히 필요하다. 무엇보다 겸손한 기도로 준비된 성경적 가르침과 설교가 절실히 요청된다. 이를 통하여 신자들은 참된 복음을 이해하고 기뻐하며 거짓 복음을 식별하고 거부할 수 있도록 구비될 것이다.

6

우리는 하나님의 말씀을 사랑한다

우리는 신구약성경에 담긴 하나님의 말씀을 사랑한다. "내가 주의 계명들을 금 곧 순금보다 더 사랑하나이다 … 내가 주의 법을 어찌 그리 사랑하는지요"라는 율법을 향한 시편 기자의 기쁨과 즐거움에 화답한다.

우리는 성경 전체를 인간 저자들이 하나님의 영에 의해 영감을 받아 말하고 쓴 하나님의 말씀으로 받아들인다. 우리는 성경을 우리의 믿음과 행위를 주관하는 최고의 유일한 권위로 인정하며 복종한다. 우리는 하나님 말씀의 능력이 그분의 구원 목적을 성취함을 고백한다. 우리는 성경이 최종적인 기록된 하나님의 말씀이므로 그것을 능가하는 어떤 계시가 장래에 있지 않음을 확언한다. 그러나 우리는 또한 성령이 하나님 백성의 마음을 조명하셔서 성경이 모든 문화권의 사람들에게 신선한 방식으로 하나님의 진리를 계속해서 말씀하게 하시는 것을 기뻐한다.[19]

A. 성경이 계시하는 인물. 우리는 신부가 신랑의 편지를 사랑하듯 성경을 사랑하되, 종이로 된 편지 자체가 아닌 편지를 통해 말씀하시는 분 때문에 그것을 사랑한다. 성경은 우리에게 하나님의 정체성과 성품, 목적과 행위에 대한 하나님 자신의 계시를 전해 준다. 성경은 주 예수 그리스도에 대한 가장 중요한 증언 자료이다. 우리는 성경을 읽으며 그분의 영을 통해 커

---

19 시 119:127, 97; 딤후 3:16-17; 벧후 1:21.

다란 기쁨으로 예수님을 만난다. 성경을 향한 우리의 사랑은 하나님을 향한 우리 사랑의 표현이다.

B. 성경이 들려주는 이야기. 성경은 창조, 타락, 역사 속에서의 구속, 그리고 새 창조에 대한 우주적 이야기를 들려준다. 이 포괄적인 이야기는 우리에게 일관된 성경적 세계관을 제공하며 우리의 신학을 형성한다. 이 이야기의 중심에는 복음의 핵심을 이루는 그리스도의 십자가와 부활이라는 정점이 되는 구원 사건이 있다. (신구약성경에 나오는) 바로 이 이야기가 우리가 누구이며, 무엇을 위해 존재하며, 어디로 가고 있는지를 말해 준다. 이 하나님의 선교 이야기는 우리의 정체성을 규정하고, 우리의 선교를 주도하며, 그 결말이 하나님의 손에 달려 있음을 확신하게 한다. 이 이야기는 대대로 전수되면서 하나님 백성의 기억과 소망을 형성해야 하고, 그들의 복음 증거 내용을 지배해야 한다. 성경의 메시지는 땅 위의 모든 사람을 위한 것이므로 우리는 모든 수단을 동원하여 성경을 알려야 한다. 따라서 우리는 문자가 없거나 구술 문화가 지배적인 지역을 포함해 모든 문화와 언어에서 성경을 번역하고 보급하며 가르치는 과업에 다시 한 번 헌신한다.

C. 성경이 가르치는 진리. 성경 전체는 하나님이 품으신 모든 의도, 곧 하나님이 우리에게 알리고자 하시는 진리를 가르쳐 준다. 성경은 거짓과 실수가 없으신 하나님의 말씀이기 때문에, 우리는 성경이 확인하는 모든 것이 참되고 신실함을 믿고 성경 말씀에 복종한다. 성경은 구원의 길을 분명하고도 충분

하게 계시한다. 성경은 하나님의 진리가 지닌 모든 차원을 탐구하고 이해하는 기초가 된다. 그러나 우리는 거짓이 가득하고 진리가 거부당하는 세상에서 살고 있다. 절대적 진리란 존재하지 않으며 알려질 수도 없다고 주장하는 상대주의가 수많은 문화를 지배하고 있다. 우리가 성경을 사랑한다면, 성경의 진리 주장을 수호하기 위해 일어나야 한다. 모든 문화 속에서 성경의 권위를 분명하게 제시하는 새로운 방법을 찾아야 한다. 우리는 하나님의 말씀에 대한 사랑 때문에 하나님의 계시의 진리를 수호하는 데 다시 한 번 헌신한다.

D. 성경이 요구하는 삶. "말씀이 네 입에 있으며 네 마음에 있은즉 네가 이를 행할 수 있느니라." 예수님과 야고보는 단지 말씀을 듣기만 하지 말고 행하는 자가 되라고 요구한다.[20] 성경은 신자들과 신자 공동체의 특징이 되어야 할 삶의 방식을 그려 준다. 우리는 아브라함, 모세, 시편 기자들, 예언자들과 이스라엘의 지혜자들을 통하여, 또한 예수님과 사도들로부터 그러한 성경적 삶의 방식이 정의, 긍휼, 겸손, 정직, 진실, 순결, 관용, 친절, 자기 부인, 환대, 화평케 함, 보복하지 않음, 선행, 용서, 기쁨, 자족과 사랑 등을 포함한다는 것을 배운다. 이 모든 것은 하나님을 향한 신실함과 예배와 찬양의 삶 속에 결합되어 있다.

우리는 성경이 가르치는 삶, 곧 그리스도를 힘입어 하나님께 순종하기 위해 값비싼 대가를 치르는 삶을 사랑하지 않으면

---

20 신 30:14; 마 7:21-27; 눅 6:46; 약 1:22-24.

서도 성경을 사랑한다고 너무나 쉽게 말해 왔음을 고백한다. 그러나 "변화된 삶보다 복음을 설득력 있게 전하는 것은 아무 것도 없으며, 삶이 복음과 불일치하는 것만큼 복음을 비난받 게 만드는 것도 없다. 우리는 그리스도의 복음에 합당하게 행 동하고, 거룩한 삶으로써 복음의 아름다움을 선양하며 복음 을 '빛나게' 해야 한다."[21] 따라서 우리는 그리스도의 복음을 위 해, 하나님의 말씀을 믿고 순종함으로써 하나님의 말씀에 대 한 우리의 사랑을 증명하는 일에 다시 한 번 헌신한다. 성경적 삶이 없으면 성경적 선교도 없다.

---

21 마닐라 선언 7장; 딛 2:9-10.

7

우리는 하나님의 세상을 사랑한다

우리는 세상을 향한 하나님의 열정을 공유한다. 하나님이 만드신 모든 것을 사랑하고, 창조 세계 전반에 나타나는 그분의 섭리와 정의를 즐거워하며, 모든 피조물과 모든 나라를 향해 기쁜 소식을 선포하고, 물이 바다를 덮음같이 하나님의 영광을 아는 지식이 온 땅에 가득 찰 그날을 고대한다.[22]

A. 우리는 하나님의 창조 세계를 사랑한다. 이 사랑은 (성경 어디에서도 명령하지 않은) 자연에 대한 단순한 감상적인 애정도 아니요 (성경이 분명히 금하고 있는) 자연에 대한 범신론적 예배는 더더욱 아니다. 오히려 이것은 하나님께 속한 것들을 돌보는 일이며 하나님을 향한 우리 사랑의 당연한 귀결이다. "땅과 그 안에 가득 찬 것이 모두 다 주님의 것이다." 이 땅은 우리가 사랑하고 복종한다고 말하는 하나님의 소유물이다. 간단히 말하면, 이 땅이 우리가 주님이라 부르는 그분께 속해 있기 때문에 우리는 이 땅을 돌본다.[23]

이 땅은 그리스도에 의해 창조되고 유지되고 구속된다.[24] 우리는 창조와 구속과 상속의 권리에 의해 그리스도께 속한 것들을 남용하면서 하나님을 사랑한다고 주장할 수 없다. 우리는 이 땅을 돌보고 그 풍부한 자원들을 책임 있게 사용하되, 세속

---

22 시 145:9, 13, 17, 104:27-30, 50:6; 막 16:15; 골 1:23; 마 28:17-20; 합 2:14.

23 시 24:1; 신 10:14.

24 골 1:15-20; 히 1:2-3.

세계가 제시하는 이유 때문이 아니라 주님을 위하여 그렇게 해야 한다. 예수님이 온 세상의 주이시라면, 우리는 그리스도와 우리의 관계를 우리가 이 땅과의 관계에서 행하는 방식과 분리시킬 수 없다. 그리스도의 주 되심은 모든 창조 세계를 포함하므로 "예수는 주이시다"라는 복음 선포에는 이 땅도 포함된다. 그렇기 때문에 창조 세계를 돌보는 일은 그리스도의 주 되심과 관련된, 복음 실천의 문제이다.

창조 세계에 대한 그러한 사랑은 우리가 지구의 자원들을 파괴하고 낭비하며 오염시키는 데 참여한 것, 그리고 소비주의라는 해로운 우상 숭배를 묵인한 것에 대한 회개를 요구한다. 따라서 우리는 생태계를 돌보는 긴급하고도 예언자적인 책임에 헌신한다. 우리는 책임 있게 다스리고 관리함으로써 인간의 복지와 필요를 제공하라는 명령을 거룩하게 성취하는 그리스도인들뿐 아니라, 환경 운동과 이를 위한 행동에 특별한 선교적 부르심을 받은 그리스도인들을 지지한다. 성경은 창조 세계 자체에 대한 하나님의 구속 계획을 선포한다.

총체적 선교란 복음이 예수 그리스도의 십자가와 부활을 통해 성취된 하나님의 구원의 좋은 소식이며, 그 구원은 개인과 사회와 창조 세계를 위한 것이라는 성경적 진리를 분별하고 선포하고 살아 내는 것이다. 개인과 사회와 창조 세계는 모두 죄로 인해 깨어지고 고통당하고 있으며, 또한 하나님의 구속적 사랑과 선교에 포함되므로, 이 셋은 모두 하나님 백성의 포괄적인 선교의 대상이 되어야만 한다.

B. 우리는 여러 나라와 문화가 공존하는 이 세계를 사랑한다. 하나님은 "인류의 모든 족속을 한 혈통으로 만드사 온 땅에 살게" 하셨다. 인종의 다양함은 창조 세계에 대한 하나님의 선물이며, 이것은 우리의 타락한 모습인 분열과 대립이 사라질 새 창조 때에도 보전될 것이다. 모든 민족을 향한 우리의 사랑은 땅 위의 모든 나라에게 복을 베푸신다는 하나님의 약속과 자신을 위해 모든 족속과 언어와 나라와 민족을 모아 한 백성을 창조하시는 하나님의 선교를 반영한다. 우리는 하나님이 복 주시기 위해 선택하신 모든 것을 사랑해야 하며, 여기에는 모든 문화도 포함된다. 역사적으로 기독교 선교는 때로 문화를 파괴하는 심각한 실수를 범했지만, 대체로 토착 문화와 언어를 보호하고 보전하는 데 중요한 역할을 했다. 그러나 거룩한 사랑은 비판적인 분별을 포함한다. 모든 문화는 인간의 삶에서 드러나는 하나님 형상의 긍정적인 증거뿐 아니라 사탄과 죄의 부정적인 자취도 보여 주기 때문이다.

우리는 복음이 모든 문화 속에 육화되고 스며들어 모든 문화를 안으로부터 구속하며, 그 문화들이 하나님의 영광과 그리스도의 충만함을 빛나게 하는 것을 보기를 원한다. 우리는 모든 문화의 풍성함과 영광과 웅장함이 하나님의 도성으로 옮겨지기를, 그리하여 구속받고 모든 죄로부터 정화되어 새로운 창조 세계를 풍요롭게 하기를 고대한다.[25]

모든 민족을 향한 이러한 사랑은 우리가 인종주의와 자민족

---

25 행 17:26; 신 32:8; 창 10:31-32; 12:3; 계 7:9-10, 21:24-27.

중심주의라는 악을 거부하고 창조와 구속 안에 나타난 그들의 가치에 근거하여 모든 종족과 문화를 존중하고 존경할 것을 요구한다.[26]

이러한 사랑은 또한 우리가 모든 민족과 문화를 향해 복음을 알릴 것을 요구한다. 유대인이건 이방인이건 어떤 민족도 지상 명령의 대상에서 제외되지 않는다. 복음 전도는 하나님을 아직 알지 못하는 사람들을 향한 하나님의 사랑이 마음에 가득하여 흘러넘치는 일이다. 우리는 예수 그리스도 안에 있는 하나님의 사랑의 메시지를 전혀 듣지 못한 사람들이 이 세상에 여전히 매우 많다는 것을 부끄러운 마음으로 고백한다. 우리는 모든 민족에게 복음을 전하기 위해 모든 가능한 수단을 동원하고자 했던 로잔 운동의 처음 목적에 다시 새롭게 헌신한다.

C. 우리는 이 세상의 가난한 자들과 고통받는 자들을 사랑한다. 성경은 주님이 자신이 만드신 모든 것을 아끼셔서, 억압받는 자들을 붙드시고, 나그네들을 사랑하시며, 굶주린 자들을 먹이시고, 고아와 과부들을 돌보신다고 말한다.[27] 또한 성경은 하나님이 그러한 일에 헌신한 사람들을 통해 그것을 하고자 하심을 보여 준다. 무엇보다 하나님은 이 사회에서 정치적 또는 법적 리더십이 주어진 이들에게 그러한 책임을 부여하신다.[28] 그러나 율법과 예언서, 시편과 지혜서, 예수님과 바울, 야

---

26 행 10:35, 14:17, 17:27.

27 시 145:9, 13, 17, 147:7-9; 신 10:17-18.

28 창 18:19; 출 23:6-9; 신 16:18-20; 욥 29:7-17; 시 72:4, 12-14; 82; 잠 31:4-9; 렘 22:1-3; 단 4:27.

고보와 요한이 증거한 대로, 하나님의 모든 백성은 가난한 자들을 위해 실제적인 사랑과 정의를 행함으로써 하나님의 사랑과 정의를 드러내라는 명령을 받았다.[29]

가난한 자들에 대한 이러한 사랑은 우리가 자비와 긍휼의 행위를 사랑할 뿐 아니라, 가난한 자들을 억압하고 착취하는 모든 것을 폭로하고 반대하는 행위를 통해 정의를 실천할 것을 요구한다. "우리는 악과 불의가 있는 곳 어디에서든지 이것을 고발하는 일을 두려워해서는 안 된다."[30] 이 문제에 관해 우리는 하나님의 열정을 공유하고, 하나님의 사랑을 구현하며, 하나님의 성품을 반영하고, 하나님의 뜻을 행하는 데 실패했음을 부끄러운 마음으로 고백한다.

우리는 소외되고 억압받는 자들과 연대하고 그들을 지지하는 행위를 포함하여 정의를 증진하는 일에 새롭게 헌신한다. 우리는 악에 대한 이러한 투쟁을 영적 전쟁의 차원으로 인식한다. 십자가와 부활의 승리를 통해서, 성경의 능력 안에서, 지속적인 기도로써만 싸울 수 있는 싸움이다.

D. 우리는 이웃을 내 몸과 같이 사랑한다. 예수님은 이 계명을 율법의 두 번째 큰 계명으로 삼으시고 제자들에게 복종하도록 명하시고는, (같은 장에서) "거류민을 자기같이 사랑하라"는 말씀을 "너희 원수를 사랑하라"는 요구로까지 급진적으로 심화

---

29 출 22:21-27; 레 19:33-34; 신 10:18-19; 15:7-11; 사 1:16-17; 58:6-9; 암 5:11-15, 21-24; 시 112편; 욥 31:13-23; 잠 14:31; 19:17; 29:7; 마 25:31-46; 눅 14:12-14; 갈 2:10; 고후 8-9; 롬 15:25-27; 딤전 6:17-19; 약 1:27, 2:14-17; 요일 3:16-18.
30 로잔 언약, 5장.

시키셨다.[31]

이웃을 향한 이러한 사랑은 우리에게 그리스도의 명령에 복종하고 그리스도의 본을 따르는 가운데 복음의 심장으로 모든 사람을 대하라고 요구한다. 이러한 이웃 사랑은 다른 신앙을 가진 사람들도 포함하며, 우리를 미워하고 비방하며 박해하고, 심지어 죽이려고 하는 사람들에게까지 확대된다. 예수님은 악의 사슬을 끊고 그분께로 사람들을 이끌기 위해 진리로 거짓에 맞서고, 친절과 자비와 용서의 행위로 악을 행하는 자들에 대항하며, 자기 희생으로 그분의 제자들을 향한 폭력과 살인에 맞서라고 우리에게 가르치셨다.

우리는 복음을 전파하되 폭력적인 방식을 단호하게 거부하고, 우리에게 잘못을 저지르는 사람들에 대해 분노를 품고 복수하려는 생각을 포기한다. 그러한 불순종은 그리스도와 신약성경의 모범과 가르침과 양립할 수 없다.[32] 동시에 사랑의 의무는 우리로 하여금 고통받는 이웃들의 편에 서서 공의를 추구하며 하나님의 종으로서 악행을 징벌하는 기능을 맡은 법적·국가적 권위에 호소하도록 요구한다.[33]

ε. 우리가 사랑하지 않는 세상. 하나님의 선한 창조 세계는 하나님께 대적하는 인간의 세상과 사탄의 세상이 되었다. 우리는 세상의 죄악 된 욕망과 탐욕과 인간적인 교만을 사랑하지 말도록 명령받았다. 이러한 세속적 표지들이 너무 자주 우리

---

31 레 19:34; 마 5:43-44.
32 마 5:38-39; 눅 6:27-29; 23:34; 롬 12:17-21; 벧전 3:18-23; 4:12-16, 33) 롬 13:4.
33 롬 13:4.

그리스도인의 일그러진 모습이 되었고 우리의 복음 증거를 스스로 부인하는 결과가 되었음을 부끄러운 마음으로 고백한다.[34]

우리는 타락한 세상과 덧없는 열정을 즐기지 아니하며 하나님이 세상을 사랑하신 것처럼 온 세상을 사랑하기로 새롭게 헌신한다. 따라서 우리는 그리스도 안에서 모든 창조 세계와 모든 문화가 구속되고 갱신되기를, 땅끝까지 모든 나라로부터 하나님의 백성이 모여들기를, 모든 파괴와 가난과 증오가 사라지기를 바라는 거룩한 열망을 품고 이 세상을 사랑한다.

---

34 요일 2:15-17.

8

우리는 하나님의 복음을 사랑한다

예수님의 제자인 우리는 복음의 사람들이다. 우리 정체성의 중심에는 예수 그리스도를 통한 하나님의 구원 사역이라는 성경의 좋은 소식에 대한 열정이 자리하고 있다. 우리는 복음 안에서 하나님의 은혜를 누린 경험과 모든 가능한 수단을 동원해 땅끝까지 그 은혜의 복음을 전하려는 동기로 하나가 된다.

A. 우리는 나쁜 소식들로 가득 찬 세상에서 이 좋은 소식을 사랑한다. 복음은 인간의 죄, 실패, 그리고 결핍이 야기한 끔찍한 결과들을 언급한다. 인류는 하나님을 거역하고 하나님의 권위를 거부하며 하나님의 말씀에 불순종했다. 이러한 죄악된 상태에서 우리는 하나님으로부터 소외되었고, 서로에게서 소외되었으며, 창조 질서로부터 소외되었다. 죄는 하나님의 정죄를 받을 만하다. 회개하기를 거부하고 "우리 주 예수 그리스도의 복음에 복종하지 않는" 자들은 영원한 멸망으로 형벌을 받으며 하나님의 임재로부터 격리될 것이다.[35] 죄의 결과와 악의 권세는 인간성의 모든 (영적·육체적·지적·관계적) 차원을 타락시켰다. 타락은 모든 문화와 역사의 모든 세대에 걸쳐 사람들의 문화·경제·사회·정치·종교에 침투해 들어갔다. 그것은 인류에게 헤아릴 수 없는 비참한 결과를 남겼으며 하나님의 창조 세계를 심각하게 손상시켰다. 이러한 절망적인 상황에서 성경의 복음은 실로 복된 소식이 아닐 수 없다.

---

35 창 3; 살후 1:8-9.

B. 우리는 복음이 들려주는 이야기를 사랑한다. 복음은 나사렛 예수님의 삶과 죽음, 그리고 부활이라는 역사적 사건을 좋은 소식으로 선포한다. 예수님은 다윗의 자손이요 약속된 메시아이자 왕이시므로, 하나님은 오직 예수님을 통해서만 자신의 나라를 세우시고 이 세상의 구원을 위해 행동하셨으며, 그 결과 아브라함에게 약속하신 것처럼 온 땅의 모든 나라가 복을 받을 수 있게 되었다. 바울은 "성경대로 그리스도께서 우리 죄를 위하여 죽으시고 장사 지낸 바 되셨다가 성경대로 사흘 만에 다시 살아나사 게바에게 보이시고 후에 열두 제자에게 나타나셨다"라는 진술로 복음을 정의한다. 복음은 하나님이 그리스도의 십자가 위에서 아들의 모습으로 우리를 대신하여 우리의 죄로 인한 심판을 몸소 짊어지셨다고 선포한다. 부활을 통해 완성되고, 입증되고, 선포된 이 위대한 구원의 역사 가운데서, 하나님은 사탄과 죽음과 모든 악의 권세에 대한 결정적인 승리를 이루셨으며, 우리를 사탄의 권세와 두려움에서 해방시키셨고, 이들의 궁극적 파멸을 확증하셨다. 하나님은 모든 장벽과 대립을 넘어 하나님과 믿는 자들 간의 화해와 사람들 간의 화해를 이루셨다. 또한 하나님은 모든 피조물의 궁극적인 화해를 이루셨고, 예수님의 육체적 부활 가운데 새 창조의 첫 열매를 우리에게 주셨다. "하나님이 그리스도 안에 계시사 세상을 자기와 화목하게 하셨다."[36] 우리는 이 복음의 이야기를 몹시도 사랑한다!

---

36 막 1:1, 14-15; 롬 1:1-4; 4; 고전 15:3-5; 벧전 2:24; 골 2:15; 히 2:14-15; 엡 2:14-18; 골 1:20; 고후 5:19.

C. 우리는 복음이 가져다준 확신을 사랑한다. 오직 그리스도 만을 신뢰함으로 우리는 성령을 통해 그리스도와 하나가 되었으며, 그리스도 안에서 하나님 앞에 의롭다 함을 받았다. 우리는 믿음으로 의롭게 되어 하나님과 화평을 누리고, 더 이상 정죄를 받지 않게 되었다. 우리는 우리의 죄를 용서받았다. 우리는 그리스도의 부활하신 생명을 나누어 가짐으로써 다시 태어나 살아 있는 소망을 품게 되었다. 우리는 그리스도와 함께하는 상속자로 입양되었다. 우리는 하나님의 언약 백성으로서 시민이요, 하나님 가족의 일원이며, 하나님이 거하시는 처소가 되었다. 따라서 그리스도를 신뢰함으로써 우리는 구원과 영원한 생명을 온전히 확신하게 되었다. 이는 우리의 구원이 궁극적으로 우리로 말미암은 것이 아니라 그리스도가 행하신 일과 하나님의 약속에 달린 것이기 때문이다. "어떤 피조물이라도 우리를 우리 주 그리스도 예수 안에 있는 하나님의 사랑에서 끊을 수 없으리라."[37] 우리는 이 복음의 약속을 몹시도 사랑한다!

D. 우리는 복음이 낳는 변화를 사랑한다. 복음은 세상에서 역사하는, 삶을 변화시키는 하나님의 능력이다. "이 복음은 모든 믿는 자에게 구원을 주시는 하나님의 능력이"되기 때문이다.[38] 믿음만이 복음의 복과 확신을 얻는 유일한 방법이다. 그러나 구원하는 믿음은 결코 그 자체로 남아 있는 것이 아니라

---

37 롬 4; 빌 3:1-11; 롬 5:1-2; 8:1-4; 엡 1:7; 골 1:13-14; 벧전 1:3; 갈 3:26-4:7; 엡 2:19-22; 요 20:30-31; 요일 5:12-13; 롬 8:31-39.
38 롬 1:16.

반드시 순종의 형태로 나타난다. 그리스도인의 순종은 "사랑으로써 역사하는 믿음"이다.[39] 우리는 선한 행위로 구원받은 것이 아니라 "그리스도 예수 안에서 선한 일을 위하여 지으심을 받은 자"로서 오직 은혜로써 구원받았다.[40] "행함이 없는 믿음은 그 자체가 죽은 것"이다.[41] 바울은 복음이 이룬 윤리적 변화를 그리스도의 초림 때 우리의 구원을 성취하신 은혜와 그리스도의 재림의 빛 가운데 윤리적으로 살도록 가르치시는 하나님의 은혜의 역사로 보았다.[42] 바울에게는 "복음에 순종하는 것"이 은혜를 신뢰하는 것이자 은혜에 의해 가르침을 받는 것을 의미했다.[43] 바울의 선교적 목표는 모든 나라들 가운데 "믿음의 순종"을 일으키는 것이었다.[44] 이 강력한 언약적인 언어는 아브라함을 떠올리게 한다. 아브라함은 그를 의롭다고 칭하신 하나님의 약속을 믿었고, 그 믿음의 증거로 하나님의 명령에 순종했다. "믿음으로 아브라함은 … 순종했다."[45] 회개와 예수 그리스도에 대한 믿음은 복음이 요구하는 첫 번째 순종의 행위이며, 하나님의 명령에 대한 지속적인 순종은 거룩하게 하시는 성령을 통해 복음을 믿는 믿음으로 가능한 삶의 방식이다.[46] 따라서 순종은 구원하는 믿음의 살아 있는 증

---

39 갈 5:6.

40 엡 2:10.

41 약 2:17.

42 딛 2:11-14.

43 롬 15:18-19, 16:19; 고후 9:13.

44 롬 1:5, 16:26.

45 창 15:6; 히 11:8; 창 22:15-18; 약 2:20-24.

46 롬 8:4.

거이자 살아 있는 열매이다. 또한 순종은 예수님에 대한 우리의 사랑을 나타낸다. "나의 계명을 지키는 자라야 나를 사랑하는 자"이므로[47] "우리가 그의 계명을 지키면 이로써 우리가 그를 아는 줄로 알 것"이다.[48] 우리는 이 복음의 능력을 몹시도 사랑한다!

---

47 요 14:21.
48 요일 2:3.

9

우리는 하나님의 백성을 사랑한다

하나님의 백성은 모든 세대와 모든 나라로부터 나온 새 창조 세계의 시민으로서, 그리스도의 영광에 참여하도록 하나님이 그리스도 안에서 사랑하고 선택하고 부르고 구원하고 거룩하게 하신 하나님이 소유하신 백성이다. 하나님이 영원에서 영원까지, 그리고 우리의 모든 혼란과 반역의 역사 중에도 사랑하신 백성으로서, 우리는 서로 사랑하라는 계명을 받았다. "하나님이 이같이 우리를 사랑하셨은즉 우리도 서로 사랑하는 것이 마땅"하다. 그리하여 "하나님을 본받는 자가 되고 그리스도께서 우리를 사랑하시고 우리를 위하여 자신을 내어 주신 것같이 우리도 사랑 가운데서 행해야" 한다.

하나님의 가족으로서 서로 사랑하는 것은 바람직한 선택 사항이 아니라 피할 수 없는 계명이다. 그 사랑은 복음에 대한 순종의 첫 번째 증거이자, 그리스도의 주 되심에 대한 우리의 복종을 나타내는 필수적인 표현이며, 세계 선교의 강력한 원동력이다.[49]

𝒜. 사랑은 하나 됨을 요청한다. 제자들에게 내리신 서로 사랑하라는 예수님의 명령은 그들이 하나 되게 해 달라는 그분의 기도로 연결된다. 계명과 기도는 둘 다 선교적이다. "너희가 내 제자라는 것을 세상이 알게 될 것"이며, "당신[아버지]께서

---

49 살후 2:13-14; 요일 4:11; 엡 5:2; 살전 1:3, 4:9-10; 요 13:35.

나를 보내신 것을 세상이 알 것”이다.[50] 복음의 진리를 가장 강력하게 확증하는 표지는 인종과 피부색, 성별, 사회적 지위, 경제적 특권, 정치적 노선 같은 세상의 고질적인 분열의 장벽을 넘어 그리스도인들이 사랑 안에서 하나 되는 것이다. 그러나 그리스도인들 가운데 세상과 똑같은 분열이 있고, 오히려 확대되는 것만큼 우리의 증거를 파괴하는 것은 별로 없다. 우리는 그리스도의 몸 안에서, 가부장주의나 불건강한 의존이 없는 깊은 상호 사랑과 상호 복종, 그리고 극적인 경제적 나눔을 바탕으로 한 모든 대륙을 초월한 세계적 동반자 협력 관계를 긴박하게 추구한다. 이러한 추구는 복음 안에서 이루어진 우리의 하나 됨의 증거일 뿐 아니라 그리스도의 이름과 온 세상에서 진행되는 하나님의 선교를 위한 것이다.

B. 사랑은 정직을 요청한다. 사랑은 은혜 가운데 진리를 말한다. 이스라엘의 예언자들과 예수님보다 하나님의 백성을 더 사랑했던 이들은 없었다. 그러나 하나님의 백성이 언약을 맺은 주님에 대해 언약 지키기를 실패하고 우상을 숭배하며 그분을 반역했을 때, 그 진실에 대해 그들보다 더 정직하게 백성을 대면했던 이들도 없다. 그렇게 함으로써 그들은 이스라엘 백성에게 회개를 요청했고, 백성은 용서받고 회복되어 하나님의 선교를 위해 섬길 수 있었다. 이와 동일한 예언자적 사랑의 목소리가 동일한 이유로 오늘날에도 전해져야 한다. 하나님의 교회를 향한 사랑 때문에 우리는 사랑하는 주 예수 그리스도의 얼굴을 욕되게 하고, 그분께로 너무도 절박하게 인도

---

50 요 13:34-35, 17:21.

되어야 할 이 세상으로부터 그분의 아름다움을 가리는 우리의 추악함을 슬퍼하며 아파한다.

c. 사랑은 연대를 요청한다. 서로 사랑하는 것은 특별히 믿음과 복음 증거로 인해 박해를 받아 감옥에 갇힌 자들을 돌보는 것을 포함한다. 몸의 한 지체가 고통을 당하면 모든 지체가 함께 고통을 느낀다. 요한과 마찬가지로 우리는 "예수의 환난과 나라와 인내에 동참하는 자"들이다.[51] 우리는 정보 제공과 기도, 옹호 활동과 다른 지원 수단을 통해 전 세계 그리스도의 몸의 지체들이 받는 고통에 동참하는 데 헌신한다. 그러나 우리는 그러한 동참을 단순히 연민의 표현이 아니라, 고통당하는 교회가 같은 방식으로 고통당하지 않는 그리스도의 몸의 지체들에게 가르쳐 주고 제공해 줄 수 있는 것을 배우려는 염원으로 이해한다. 부유함과 충족함 속에서 편안함을 느끼는 교회는 라오디게아 교회처럼, 예수님이 보시기에는 자신의 가난에 대해 눈먼 교회이며, 예수님은 그런 교회에 대해서 문 밖의 외인처럼 느끼신다고 경고하신다.[52]

예수님은 자신의 모든 제자를 나라들 가운데서 한 가족이 되도록, 그리고 그분의 화해하게 하는 은혜를 통해 모든 죄악 된 장벽이 허물어진 화해의 친교를 이루도록 부르신다. 이런 교회는 성령의 교통 안에 있는 은혜와 순종과 사랑의 공동체이다. 그러한 공동체에는 하나님의 영광스러운 속성들과 그리

---

51 히 13:1-3; 고전 12:26; 계 1:9.
52 계 3:17-20.

스도의 은혜로운 특성들이 반영되며, 하나님의 다양한 색채를 지닌 지혜가 드러난다. 교회는 하나님 나라의 가장 생생한 현재적 표현이며, 더 이상 자신들을 위해 살지 않고 그들을 사랑하고 그들을 위해 자신을 내어 주신 구원자를 위해 사는 화평케 된 이들의 공동체이다.

10

우리는 하나님의 선교를 사랑한다

우리는 세계 선교에 헌신한다. 세계 선교가 하나님과 성경, 교회와 인류 역사, 그리고 궁극적인 미래를 이해하는 데 핵심이기 때문이다. 성경 전체가 십자가의 보혈을 통해 화해를 이루시는 그리스도 아래 하늘과 땅의 모든 것을 하나 되게 하는, 하나님의 선교를 드러낸다.

하나님은 죄와 악으로 깨어진 창조 세계를 더 이상 죄나 저주가 없는 새로운 창조 세계로 변화시키심으로써 자신의 선교를 성취하실 것이다. 하나님은 아브라함의 후손이자 메시아이신 예수님의 복음을 통해 이 땅의 모든 나라에게 복을 베푸시겠다는 아브라함에게 하신 약속을 성취하실 것이다.

하나님은 심판으로 흩어진 나라들의 분열된 세계를 변화시키셔서, 모든 종족, 나라, 민족, 그리고 언어로부터 불러낸 그리스도의 피로 구속받은 새로운 인류를 만드시고, 그들이 함께 모여 우리 하나님과 구원자를 예배하게 하실 것이다. 그리스도가 생명과 정의와 평화의 영원한 통치를 세우기 위해 다시 오실 때, 하나님은 죽음과 부패와 폭력의 통치를 무너뜨리실 것이다. 그리고 임마누엘 하나님은 우리와 함께 거하실 것이며, 세상 왕국은 우리 주님과 그리스도의 왕국이 될 것이고, 그분은 영원히 세세토록 다스리실 것이다.[53]

---

53 엡 1:9-10; 골 1:20; 창 1-12장; 계 21-22장.

A. 하나님의 선교에 참여함. 하나님은 자신의 백성을 부르셔서 자신의 선교에 동참시키신다. 모든 나라로부터 나온 교회는 메시아 예수를 통해 구약의 하나님 백성을 계승한다. 그들과 함께 우리는 아브라함을 통해 부르심을 받았고 모든 나라를 위한 복과 빛이 되라는 사명을 받았다. 그들과 함께 우리는 율법과 예언자들을 통해 죄와 고통의 세상에서 거룩, 긍휼, 그리고 정의의 공동체가 되도록 가르침을 받고 빚어질 것이다. 우리는 예수 그리스도의 십자가와 부활을 통해 구속받았고, 그리스도 안에서 하나님이 행하신 것을 증거하기 위해 성령의 능력을 받았다. 교회는 영원토록 하나님을 예배하고 영화롭게 하며 역사 속에서 하나님의 변혁하시는 선교에 참여하기 위해 존재한다. 우리의 선교는 온전히 하나님의 선교로부터 나오며, 하나님의 창조 세계 전체를 다루며, 그 중심이 십자가의 구속하시는 승리 위에 세워져 있다. 우리는 바로 이 백성에 속하였으며, 이 백성의 믿음을 우리가 고백하며, 이 백성의 선교에 우리가 동참한다.

B. 우리의 선교가 지녀야 할 총체성. 우리의 모든 선교의 근원은 성경에 계시된 것처럼, 하나님이 온 세상의 구속을 위해 그리스도 안에서 행하신 일이다. 우리의 복음 전도의 과제는 그 좋은 소식을 모든 나라에 알리는 것이다. 우리의 모든 선교가 이루어지는 장소는 우리가 살아가는 세상, 곧 죄와 고통과 불의와 창조 질서의 왜곡으로 가득한 세상이며, 이런 세상으로 하나님은 그리스도를 대신해 사랑하고 섬기도록 우리를 보내신다. 그러므로 우리의 모든 선교에서 복음 전도와 세상에서

의 헌신적인 참여가 통합되어야 하며, 이 둘은 모두 하나님의 복음에 관한 성경 전체의 계시가 명령하고 주도하는 일이다.

복음 전도 자체는 사람들로 하여금 그리스도께 인격적으로 나아와 하나님과 화해하도록 설득하기 위해, 역사적이고 성경적인 그리스도를 구원자와 주로 선포하는 것이다. … 복음 전도의 결과는 그리스도께 대한 순종과 그분의 교회로의 연합, 그리고 세상에서의 책임 있는 섬김을 포함한다. … 우리는 복음 전도와 사회·정치적 참여는 우리 그리스도인의 의무의 두 부분임을 확언한다. 이 두 부분은 모두 하나님과 인간에 대한 우리의 교리, 이웃을 향한 우리의 사랑, 그리고 예수 그리스도에 대한 우리의 순종을 나타내는 데 필수적이다. … 우리가 선포하는 구원은 우리로 하여금 개인적 책임과 사회적 책임을 총체적으로 수행하도록 우리를 변화시켜야 한다. 행함이 없는 믿음은 죽은 것이다.[54]

총체적 선교는 복음을 선포하는 것이며 드러내는 것이다. 이는 단순히 복음 전도와 사회 참여가 나란히 이루어져야 한다는 뜻이 아니다. 그보다는 총체적 선교 안에서 우리가 사람들에게 삶의 모든 영역에서 사랑과 회개를 행하도록 요청하기 때문에, 우리의 선포가 사회적인 모습을 지니게 된다. 그리고 우리가 예수 그리스도의 변화시키는 은혜를 증거하기에 우리의 사회 참여가 복음 전도의 모습을 지니게 된다. 우리가 세상을 무시한다면 세상을 섬기도록 우리를 보내시는 하나님

---

54 로잔 언약 4-5장.

의 말씀을 거역하는 것이다. 우리가 하나님의 말씀을 무시한다면 우리가 세상에 가져다줄 것은 아무것도 없다.[55]

하나님은 선교의 모든 차원을 총체적이고 역동적으로 실천하도록 그분의 교회를 부르셨으며, 우리는 이에 헌신한다.

* 하나님은 우리에게 하나님의 계시의 진리와 예수 그리스도를 통한 하나님의 구원하시는 은혜의 복음을 모든 나라에 전하고, 모든 사람을 회개, 믿음, 세례(침례), 그리고 순종의 제자도로 부르도록 명령하신다.

* 하나님은 우리에게 가난한 자들을 긍휼의 마음으로 돌봄으로써 그분 자신의 성품을 드러내고, 정의와 평화를 위해 분투하고 하나님의 창조 세계를 돌봄으로써 하나님 나라의 가치와 능력을 나타내라고 명령하신다.

우리는 그리스도 안에 드러난 우리를 향한 하나님의 무한한 사랑에 대한 응답으로써, 그리고 그분에 대한 우리의 넘치는 사랑 때문에, 자기 부인의 겸손과 기쁨과 용기로써 하나님이 명령하시는 모든 것에 온전히 순종하는 일에 성령을 힘입어 새롭게 헌신한다. 우리는 주님과의 이 언약을 갱신한다. 먼저 우리를 사랑하신 주님, 우리가 사랑하는 주님을 위하여.

---

55 통전적 선교에 관한 미가선언문(The Micah Declaration on Integral Mission).

2부

| 우리가 섬기는 세상을 위하여 |

케이프타운 행동 요청

서론

우리가 하나님과 맺은 언약은 사랑과 순종을 한데 묶는다. 하나님은 우리의 "믿음의 역사"와 "사랑의 수고"를 기뻐하신다.[56] "우리는 그가 만드신 바"이며, "그리스도 예수 안에서 선한 일을 위하여 지으심을 받은 자니 이 일은 하나님이 전에 예비하사 우리로 그 가운데서 행하게 하려 하심"이기 때문이다.[57]

우리는 예수 그리스도의 전 세계 교회의 일원으로서 성령을 통해 하나님의 음성을 듣고자 힘썼다. 우리는 하나님의 기록된 말씀인 에베소서 강해를 통해, 그리고 전 세계에서 참여한 그분의 백성의 목소리를 통해 우리에게 말씀하시는 그분의 음성을 들었다. 케이프타운 대회에서 논의된 여섯 가지 주제들은 그리스도께 속한 전 세계 교회가 직면하고 있는 도전과 미래를 향한 우리의 우선순위를 분별하는 준거가 된다. 그러나 이 서약의 내용들이 교회가 고려해야 할 모든 것이라거나, 어느 곳에서나 우선순위가 동일해야 한다고 주장하는 것은 아니다.

---

56 살전 1:3.
57 엡 2:10.

IIA

다원주의적이며 세계화된 세상 속에서
그리스도의 진리를 증거하기

1. 진리 그리고 그리스도의 인격

예수 그리스도는 만유의 진리이시다. 예수님은 진리이시기 때문에 그리스도 안에 있는 진리는 (1) 명제적일 뿐 아니라 인격적이며, (2) 상황적일 뿐 아니라 보편적이고, (3) 현재적일 뿐 아니라 궁극적이다.

A. 그리스도의 제자로서 우리는 진리의 사람으로 부름 받았다.

   1. 우리는 진리를 살아 내야 한다. 진리를 살아 낸다는 것은 어두운 마음을 지닌 이들을 향해 우리가 복음의 영광을 계시하시는 예수님의 얼굴이 되는 것이다. 사람들은 예수님을 위해 신실함과 사랑으로 살아가는 자들의 얼굴에서 진리를 볼 것이다.

   2. 우리는 진리를 선포해야 한다. 복음의 진리를 말로 선포하는 것은 우리의 선교에서 가장 중요한 부분으로 남아 있다. 이것은 진리를 살아 내는 것과 분리될 수 없다. 행위와 말씀은 반드시 함께 가야만 한다.

B. 바울이 그러했듯이, 우리는 교회 지도자들과 목회자들 및 복음 전도자들이 성경적 복음의 충만함을, 그 우주적인 범위와 모든 진리를 설교하고 가르칠 것을 촉구한다. 우리는 복음을 단순히 개인 구원의 길이나 다른 신들이 제공하는 것보다

더 나은 해결책으로서가 아니라, 그리스도 안에 나타난 온 우주를 위한 하나님의 계획으로 제시해야 한다. 사람들은 종종 개인적인 필요를 충족시키기 위해 그리스도께 나아온다. 그러나 그들은 그리스도가 진리이심을 발견할 때 그분과 함께 거한다.

2. 진리 그리고 다원주의의 도전

문화적·종교적 다원주의는 현실이다. 일례로 아시아의 그리스도인들은 수 세기 동안 종교 문화적으로 다원적 상황에서 살아왔다. 각기 다른 종교들은 자신들이 진리의 길이라고 주장한다. 대부분은 경쟁하는 다른 신앙의 진리 주장들을 존중하고 그것들과 함께 살아가고자 노력할 것이다.

그러나 포스트모던적이며 상대주의적인 다원주의는 다르다. 이 이데올로기는 절대적이거나 보편적인 진리를 허용하지 않는다. 진리 주장을 관용하면서도 그것을 문화적 구성물에 지나지 않는 것으로 간주한다. (이러한 입장은 논리적으로 자기 파괴적인데, 그 이유는 유일한 절대적 진리가 존재하지 않는다는 것을 유일한 절대적 진리로 주장하기 때문이다.) 이러한 다원주의는 '관용'을 궁극적 가치로 주장하지만, 세속주의나 공격적인 무신론이 공적 영역을 지배하는 국가에서는 억압적인 형태를 취할 수도 있다.

A. 우리는 강력한 변증이라는 어려운 과제에 대한 더 큰 헌신이 나타나기를 소원한다. 이는 두 가지 수준에서 진행되어야

한다.

1. 우리는 공적 영역에서 최고의 지적·공적 수준으로 성경적 진리를 변론하고 방어할 수 있는 이들을 찾아내고, 구비시키고, 이들을 위해 기도해야 한다.

2. 우리는 교회 지도자들과 목회자들에게, 모든 신자가 용기와 적절한 수단을 갖추어, 일상의 공적 대화에서 예언자적 적실성을 지닌 진리를 말하고 우리가 속한 문화의 전 영역에 참여하도록 구비시킬 것을 촉구한다.

3. 진리 그리고 일터

성경이 보여 주는 인간의 노동에 관한 하나님의 진리는 노동이 창조 세계에 나타난 하나님의 선하신 목적의 일부라는 것이다. 성경은 우리가 각기 다른 소명 가운데 하나님을 섬기고 있으며 우리의 노동하는 삶 전체가 사역의 영역에 속하는 것으로 여긴다. 이와는 대조적인 '성·속의 분리'라는 허위가 교회의 사고와 행동에 침투해 들어왔다. 이러한 분리는, 종교적 활동은 하나님께 속한 반면 다른 활동은 그렇지 않다고 말한다.

대부분의 그리스도인들은 영적 가치가 거의 없다고 생각하는 일(소위 세속적인 일)을 하며 대부분의 시간을 보낸다. 그러나 하나님은 삶의 모든 것의 주님이시다. 바울은 이교도의 일터에서 일하는 노예들에게 "무슨 일을 하든지 마음을 다하여 주께

하듯 하고 사람에게 하듯 하지 말라"[58]고 말했다.

일터는 성인 그리스도인들이 비그리스도인들과 대부분의 관계를 맺고 살아가는 곳으로서 복음 전도와 변혁을 위한 거대한 기회를 제공하는 곳임에도 불구하고, 이 기회를 위해 신자들을 구비시키려는 비전을 가진 교회는 거의 없다. 우리는 그리스도의 주 되심 아래 삶의 모든 부분을 복종시키지 못했고, 따라서 노동도 그 자체로서 성경적으로나 본질적으로 의미 있게 여기지 못했다.

A. 우리는 이러한 성·속의 분리를 하나님의 선교에 모든 하나님 백성을 동원하는 데 방해가 되는 주요 장애물로 명명하며, 전 세계 그리스도인들이 이러한 비성경적인 전제를 거부하고 그 해로운 영향들에 저항할 것을 촉구한다. 우리는 (지역적·타문화적) 사역과 선교를 주로 그리스도의 몸의 극히 작은 일부인 전임 사역자들과 선교사들이 교회에서 유급으로 일하는 사역으로 간주하려는 경향을 거부한다.

B. 우리는 모든 신자에게, 하나님이 일하도록 부르신 곳이면 어디든 그곳이 바로 일상의 사역과 선교를 수행하는 장소임을 받아들이며 확신하라고 권면한다. 우리는 목회자들과 교회 지도자들에게, 사회와 일터에서 그러한 사역을 수행하는 이들을 지원하며 "섬김[사역]의 일을 위해 성도들을 구비시키라고" 도전한다.

---

58 골 3:23.

C. 우리는 하나님의 모든 백성이 삶 전체를 아우르는 제자도를 훈련하도록 집중적으로 노력할 필요가 있다. 이는 매일 생활하고 노동하는 모든 장소와 상황에서 성경적 세계관으로 살고, 생각하고, 일하고, 말하며 선교적 영향력을 발휘하는 것을 의미한다. 종종 그리스도인들은 다양한 기술과 무역과 사업과 직업을 통해 전통적인 교회 개척자들과 복음 전도자들이 갈 수 없는 곳들로 갈 수 있다. 이러한 '텐트메이커들'과 사업가들의 일터 사역은 지역 교회 사역의 한 영역으로서 그 가치를 인정받아야 한다.

D. 우리는 교회 지도자들이 일터 사역의 전략적 영향력을 이해하고, 교인들을 선교사로 동원하고 구비시켜 그들을 일터와 그들 자신의 지역 공동체, 그리고 전통적 형태의 복음 증거를 거부하는 국가들에 파송할 것을 촉구한다.

E. 우리는 선교 지도자들이 '텐트메이커들'을 세계 선교 전략 안으로 온전히 통합시킬 것을 촉구한다.

4. 진리 그리고 세계화된 미디어

우리는 미디어 문화 가운데 그리스도의 진리를 드러내는 일의 일부로서, 미디어와 기술 분야에 대한 비판적·창조적 참여에 새롭게 헌신한다. 우리는 진리, 은혜, 사랑, 평화, 그리고 정의에 대한 하나님의 대사로서 그 일을 해야 한다.

우리는 다음과 같은 주된 필요를 인식한다.

A. 미디어에 대한 인식. 사람들로 하여금 그들이 수용하는 메시지와 그 이면에 있는 세계관에 대한 비판적인 인식 능력을 개발하도록 돕는다. 미디어는 중립적일 수 있으며, 때로 복음에 우호적일 수도 있다. 그러나 미디어는 또한 포르노, 폭력, 탐욕을 위해 이용되기도 한다. 우리는 목회자들과 교회들이 이러한 이슈들을 열린 자세로 직면하고, 신자들이 그러한 압박과 유혹을 거부하도록 교육하고 인도할 것을 권면한다.

B. 미디어에 대한 참여. 일반적인 정보 미디어와 예능 미디어 분야에서 진정성 있고 신뢰할 만한 기독교적 역할 모델들과 커뮤니케이터들을 발굴한다. 또한 이 직종들을 그리스도를 위해 영향력을 미치는 가치 있는 수단으로서 권장한다.

C. 미디어 사역. 통전적인 성경적 세계관의 맥락에서 그리스도의 복음을 전하기 위해 '전통적인' 미디어와 '기성' 미디어와 '새로운' 미디어의 창조적·통합적 활용과 상호 보완을 추구한다.

5. 진리 그리고 선교에서의 예술

우리는 하나님의 형상을 지닌 존재이므로 창조성이라는 은사를 가지고 있다. 다양한 형태의 예술은 인류의 행위 중 중요한 부분이며, 하나님의 아름다움과 진리를 반영할 수 있다. 최고의 예술이란 진리를 진술하는 일이며, 따라서 예술은 복음의 진리를 선포하는 하나의 중요한 방법이다. 연극, 춤, 이야기, 음악, 그리고 시각 이미지는 우리의 깨어짐이라는 현실,

그리고 복음의 핵심인 만물이 새롭게 될 것이라는 소망, 이 두 가지 모두를 표현할 수 있다. 선교계에서 예술은 미개발 자원이다. 우리는 더 많은 그리스도인들의 예술 참여를 적극 권장한다.

A. 우리는 모든 문화권의 교회가 다음 사항을 통해 선교의 맥락에서 예술에 열정적으로 참여하기를 소원한다.

1. 우리를 부르신 제자도의 타당하고 가치 있는 구성 요소인 예술을 신앙 공동체의 삶 속으로 다시 가져온다.
2. 예술의 은사를 가진 사람들, 특히 그리스도 안에 있는 형제자매들을 후원하여 그들의 사역이 번창하도록 지원한다.
3. 예술이 우리가 이웃과 낯선 이들을 인식하고 알아 가는 환대의 환경을 이루는 데 기여하도록 한다.
4. 문화적 차이를 존중하고 토착적인 예술 표현들을 환영한다.

6. 진리, 과학 그리고 새로운 기술

21세기는 바이오, 정보/디지털, 나노, 가상현실, 인공지능과 로봇 기술과 같이 새롭게 떠오르는 모든 기술의 진보를 이룬 '바이오 기술의 세기'로 널리 알려져 있다. 이것은 특히 인간의 의미에 대한 성경의 진리와 관련하여 교회와 선교가 고려해야 할 깊은 함의를 지닌다. 우리는 공공 정책 분야에서 진정한 기독교적 응답과 실제적 행동을 도모하며, 과학과 기술을 조종과 왜곡과 파괴의 도구가 아닌, 하나님이 그분의 형상을 따라 창조하신 우리의 인간성을 보존하고 더 잘 충족시키는 도구로 선용해야 할 필요가 있다. 따라서 우리는 다음과 같이 요청한다.

A. 지역 교회 지도자들은 (1) 과학, 기술, 보건, 그리고 공공 정책에 전문적으로 종사하는 교인들을 격려하고 후원하며 질문을 던진다. (2) 신학적 사고력을 갖춘 학생들에게 그리스도인들이 이러한 분야들에 진출해야 할 필요성을 제시한다.

B. 신학교는 커리큘럼에 이러한 분야들을 포함시켜, 미래의 교회 지도자들과 신학 교육자들로 하여금 새로운 기술에 대해 정확한 기독교적 비평 능력을 가지게 한다.

C. 신학자들과 정부, 경제, 학계, 그리고 기술 분야의 그리스도인들은 새로운 기술과 과학적 진보 문제에 개입하기 위해 국가나 지역의 '싱크 탱크'(think tank, 두뇌 집단)를 결성하거나 동반자 협력 관계를 구축하고, 성경적이며 적실한 목소리를 냄으로써 공공 정책 형성에 영향을 미친다.

D. 모든 지역 기독교 공동체들은 창조된 인간성의 물리적·정서적·관계적·영적 측면들을 통합하는 실제적이고 총체적인 돌봄을 통해, 인간 삶의 고유한 존엄성과 신성함에 대한 존경심을 나타낸다.

정부, 기업, 학계가 결합된 영역들은 각 국가의 가치관에 막대한 영향을 미치고 있고, 인간의 언어로 교회의 자유를 제약한다.

A. 우리는 그리스도를 따르는 자들이 사회적 가치를 형성하고 공적 논의에 영향을 미치기 위해 공공 서비스나 개인 사업 영역들에 적극적으로 참여할 것을 권면한다. 우리는 학문적 탁월성과 성경적 진리에 헌신하는 그리스도 중심의 학교와 대학교에 대한 지원을 촉구한다.

B. 성경은 부패를 정죄한다. 부패는 경제 발전을 침식하고 공정한 의사 결정을 왜곡하며 사회적 결속을 파괴한다. 부패로부터 자유로운 국가는 하나도 없다. 우리는 일터의 그리스도인들, 특히 젊은 그리스도인 기업가들이 부패라는 화인(禍因)에 맞설 최선의 방법을 창조적으로 생각해 낼 것을 요청한다.

C. 우리는 젊은 그리스도인 학자들에게 세속 대학에서 장기적으로 근무할 것을 고려하라고 권면한다. 성경적 세계관으로 (1) 가르치고 (2) 학문 분야를 발전시켜서 그들의 전공 영역에서 영향력을 발휘하게 되기를 바란다. 우리는 결코 학문 영역을 무시하지 않는다.[59]

---

59 1981년, 유엔총회 전 의장이었던 찰스 말럭(Charles H. Malik)은 "대학에 대한 기독교적 비평"(A Christian Critic of the University)이라는 제목의 파스칼 강연에서 다음과 같이 주장했다. "대학은 세상을 움직이는 분명한 받침점이다. 교회가 자신과 복음의 대의를 위해 할 수 있는 것들 중, 대학을 그리스도를 위해 다시 사로잡는 것보다 더 큰 일은 없다. 대학을 변화시키라. 그러면 다른 어떤 수단보다 강력하게 세상을 변화시킬 수 있다."

IIB

분열되고 깨어진 세상 속에서
그리스도의 평화를 이루기

1. 그리스도가 이루신 평화

하나님과의 화해는 이웃과의 화해와 분리되지 않는다. 우리의 평화이신 그리스도는 십자가를 통해 평화를 이루시고 유대인과 이방인으로 분열된 세상에 평화를 선포하셨다. 하나님 백성의 하나 됨과 연합은 하나의 실재("그는 둘로 하나를 만드사")이자 명령("평안의 매는 줄로 성령이 하나 되게 하신 것을 힘써 지키라")이다. 그리스도 안에서 모든 피조물을 하나 되게 하시려는 하나님의 계획 속에서, 하나님의 새로운 인류 안에서 이루어지는 종족 간의 화해는 하나의 모델이 된다. 이것이 아브라함이 받은 약속이며 복음의 능력이다.[60]

우리는 바울이 이방인들을 묘사하는 것처럼, 유대인들이 하나님의 언약과 약속에 대해 낯선 사람들이 아니었지만, 여전히 메시아 예수를 통해 하나님과 화해해야 할 필요가 있음을 확언한다. 바울은 유대인과 이방인이 모두 죄인이라는 점에서 그들 사이에는 아무런 차이가 없으며, 구원에 있어서도 아무런 차이가 없다고 말했다. 그들은 오직 십자가 안에서, 십자가를 통해, 그리고 한 분이신 성령을 통해 하나님 아버지께 나

---

60 엡 1:10, 2:1-16, 4:3; 갈 3:6-8. (IIF "선교의 하나 됨을 위해 그리스도의 몸 안에서 동역하기"를 참조하라.)

아갈 수 있다.[61]

A. 그러므로 우리는 온 교회가 메시아이며 주님이시고 구원자이신 예수님에 대한 좋은 소식을 계속해서 유대인에게 나누어야 함을 강력히 확언한다. 또한 우리는 이방인 신자들에게 로마서 14-15장의 정신을 따라, 그리스도를 구원자로 믿으며 그들의 민족 가운데서 복음을 증거하는 유대인 신자들을 받아들이고 격려하며 그들을 위해 기도할 것을 촉구한다.

또한 하나님과의 화해와 이웃과의 화해는 하나님이 요구하시는 정의를 추구하는 근거이자 동기이다. 하나님은 그러한 화해 없이는 평화가 없다고 말씀하신다. 참되고 지속적인 화해가 일어나려면 과거와 현재의 죄에 대한 인정, 하나님 앞에서의 회개, 상처받은 자를 향한 고백, 그리고 용서를 구하고 받는 행위가 필요하다. 또한 교회는 폭력과 억압의 피해를 입은 사람들에 대해 적절한 방식으로 정의를 실현하고 보상을 제공하는 일에 헌신해야 한다.

B. 우리는 하나님과 화해한 전 세계 그리스도의 교회가 우리 안의 화해를 삶으로 살아 내며, 그리스도의 이름으로 성경적 평화를 이루는 과업에 헌신하고 분투하는 것을 보기를 소원한다.

---

61 엡 2:11-22; 롬 3:23, 10:12-13.

2. 종족 갈등 속의 그리스도의 평화

종족의 다양성은 창조 세계에 심긴 하나님의 선물이자 계획이다.[62] 그러나 이것은 인간의 죄와 교만으로 오염되어 혼돈과 분쟁, 폭력, 그리고 국가 간의 전쟁을 낳았다. 그러나 종족의 다양성은 새 창조 세계에서 보존될 것이며, 모든 나라와 종족과 민족과 언어에서 나온 사람들이 하나님의 구속된 백성으로 모일 것이다.[63] 우리는 때로 종족 정체성을 진지하게 다루지 못했고, 성경이 창조와 구속에서 이것을 중요하게 여기는 만큼 소중하게 여기지 못했음을 고백한다. 우리는 다른 이들의 종족 정체성을 존중하지 못했을 뿐 아니라, 장기간 존중하지 못한 결과로 야기된 깊은 상처들을 무시했다.

A. 우리는 교회의 목회자들과 지도자들이 종족의 다양성에 대한 성경의 진리를 가르칠 것을 촉구한다. 우리는 모든 교회 구성원의 종족 정체성을 긍정적인 것으로 확언해야 한다. 그러나 우리는 또한 우리의 종족에 대한 충성이 죄로 인해 어떻게 변질되었는지 보여 주어야 하며, 우리의 종족 정체성이 그리스도 안에서 십자가를 통해 새로운 인류가 된 우리의 구속된 정체성에 비해 부차적임을 신자들에게 가르쳐야 한다.

우리는 그리스도인들이 종족 간 폭력과 억압이라는 가장 파괴적인 상황에서 공범자가 된 것과 그러한 분쟁이 일어날 때

---

62 신 32:8; 행 17:26.

63 계 7:9, 21:3, 요한계시록 21:3 본문에서는 "그들은 그의 백성'들'(peoples)이 될 것이다"라고 말한다.

수많은 교회들이 통탄할 정도로 침묵하는 것을 슬픔과 부끄러운 마음으로 인정한다. 그러한 상황은 인종주의와 흑인 노예제, 유대인 학살, 인종분리주의, '인종 청소', 그리스도인들의 종파 간 폭력, 원주민 학살, 종교·정치·종족 집단 간의 폭력, 팔레스타인 사람들의 고통, 카스트 제도의 억압, 종족 학살과 같은 역사와 유산을 포함한다. 자신들의 행동이나 무관심으로 세상의 깨어짐을 가속화하는 그리스도인들은 평화의 복음에 대한 증거를 심각하게 무너뜨리고 있다. 그러므로,

B. 우리는 복음을 위해 애통히며 그리스도인들이 종족 간 폭력과 불의와 억압에 참여한 것에 대한 회개를 요청한다. 우리는 또한 그리스도인들이 침묵, 무관심, 중립을 지킨다는 핑계, 또는 잘못된 신학적 정당화를 통해 그러한 악에 수없이 공모했던 일에 대해 회개를 요청한다.

복음이 상황에 깊이 뿌리내리지 않고, 이면의 불의한 세계관과 체제에 도전하고 이를 변혁하지 않는다면, 악한 날이 올 때에 그리스도인의 충성은 헌신짝처럼 버려질 것이고, 사람들은 거듭나기 전의 충성이나 행위들로 되돌아갈 것이다. 제자 삼지 않는 복음 전도나 그리스도의 명령에 대한 급진적 순종이 없는 부흥은 그저 조금 부족한 것이 아니라 위험한 것이다.

우리는 교회가 세상에서 종족 간 화해와 갈등 해소에 대한 적극적인 지지 때문에 가장 눈에 띄게 빛나는 모델이 될 날을 고대한다. 복음에 근거한 이러한 열망은 우리에게 다음과 같은

결단을 요청한다.

C. 우리는 복음의 충만한 화해의 능력을 받아들이며 그것을 올바르게 가르친다. 이는 속죄(atonement)에 대한 온전한 성경적 이해를 포함한다. 즉 예수님은 하나님과 우리를 화해시키기 위해 십자가 위에서 우리의 죄를 짊어지셨을 뿐 아니라, 우리가 서로 화해하도록 우리의 적대감을 파괴하셨다.

D. 우리는 화해의 삶의 방식을 취한다. 실제적으로 이는 다음과 같은 그리스도인들의 행동에서 드러난다.

1. 박해자들을 용서하되 타인을 위해서는 용기 있게 불의에 도전한다.

2. 갈등의 '저쪽 편에 있는' 이웃들을 돕고 환대하며 화해를 추구하기 위해 장벽을 넘어서는 행동을 먼저 취한다.

3. 폭력적 상황에서도 그리스도를 계속해서 증거하고, 파괴나 복수의 행위에 동참하기보다는 차라리 고난이나 죽음을 기꺼이 받아들인다.

4. 갈등의 상처들을 장기적으로 치유하는 데 참여하며, 교회로 하여금 과거의 적들을 포함한 모든 이의 피난처와 치유의 장소가 되게 한다.

E. 우리는 희망의 신호가 되며 희망을 가져오는 자가 된다. 우리는 그리스도 안에서 세상을 자신과 화해케 하신 하나님을 증거한다. 오직 그리스도의 이름으로, 그리고 그분의 십자가와 부활의 승리 안에서 우리는 인류의 갈등을 악화시키는 악

의 마귀적 능력들에 맞설 권세를 갖게 되며, 그분의 화해케 하시는 사랑과 평화를 위해 섬길 능력을 갖게 된다.

3. 가난하고 억압받는 자들을 위한 그리스도의 평화

억압받는 자들과 가난한 자들을 위해 정의와 '샬롬'에 헌신해야 하는 성경적 근거는 "케이프타운 신앙 고백" 7장(C)에 요약되어 있다. 이에 근거하여 우리는 다음과 같은 더욱 효과적인 그리스도인의 행동이 나타나기를 소원한다.

노예제도와 인신매매

윌리엄 윌버포스(William Wilberforce)가 대서양 노예무역을 폐지하기 위해 싸우던 200년 전보다 오늘날 전 세계에 더 많은 노예들이 존재한다(2,700만 명 정도로 추정된다). 인도에 1만 1,500만 명 정도의 어린이들이 노예 상태에 있다. 카스트 제도는 하위 카스트 계급을 억압하고 달리트(Dalit: 인도의 전통 카스트 제도에서 최하 계급에 속하는 사람)들을 배척한다.

그러나 슬프게도 많은 기독교 교회들 자신도 그와 똑같은 형태의 차별에 오염되어 있다. 전 세계 교회는 실제로 세계에서 가장 오래된 노예제도 가운데 하나인 카스트 제도에 대항하는 데 한목소리를 내야 한다. 그러나 이러한 교회의 주장이 진정성을 가지려면 교회는 자체적으로 자기 내부의 모든 불평등과 차별부터 거부해야 한다.

오늘날의 세상에서 진행되는 전례 없는 규모의 이주는 다양한 이유로 전 대륙에서 벌어지는 인신매매, 성매매를 위한 여성과 아동의 광범위한 노예화, 강제 노동이나 군 징집을 통한 아동 학대를 낳고 있다.

A. 전 세계 교회가 함께 인신매매의 악에 대항하고, "갇힌 자들을 자유케 하기 위해" 예언자적으로 발언하고 행동하자. 여기에는 인신매매를 촉진하는 사회적·경제적·정치적 요인을 제거하는 일이 포함되어야 한다. 전 세계 노예들은 그리스도의 교회들을 향해 "우리 아이들을 자유케 해 달라. 우리 여성들을 자유케 해 달라. 우리의 대변자가 되어 달라. 예수님이 약속하신 새로운 사회를 우리에게 보여 달라"고 부르짖고 있다.

빈곤

우리는 성경 전체의 가르침을 받아들인다. 성경은 가난한 자들을 위한 구조적인 경제 정의와 개인적인 긍휼과 존중과 관대함, 이 둘 모두를 하나님이 원하신다고 말한다. 초대 교회와 사도 바울이 행한 선교의 모습처럼, 이러한 폭넓은 성경의 가르침이 우리의 선교 전략과 실천에 더욱더 통합되어 감을 우리는 기뻐한다.[64]

따라서 우리는,

B. 밀레니엄개발목표(Millennium Development Goals)가 지역 교회와 전 세계 교회를 위해 제시해 놓은 중대한 기회를 인식하자. 우

---

64 행 4:32-37; 갈 2:9-10; 롬 15:23-29; 고후 8-9장.

리는 정부를 향해 이것을 옹호하고, 이를 성취하려는 미가 챌린지(Micah Challenge)와 같은 노력에 참여할 것을 교회들에게 요청한다.

C. 과도한 부와 탐욕에 맞서지 않고서는 이 세상의 빈곤 문제를 해결할 수도, 바로잡을 수도 없음을 용기 있게 선포하자. 복음은 소비주의라는 만연한 우상 숭배에 도전한다. 우리는 맘몬이 아니라 하나님을 섬기는 자들로서, 탐욕이 빈곤을 고착시키고 있음을 인식하고 이를 거부하도록 부르심을 받았다. 동시에 우리는 복음이 회개의 부르심에 응한 부자들을 포용하고, 용서의 은혜로 인해 변화된 사람들의 친교로 이들을 초청하는 것을 기뻐한다.

4. 장애인들을 위한 그리스도의 평화

6억 명이 넘는 장애인들은 세계에서 가장 거대한 소수 집단 중 하나이다. 이들 가운데 대다수는 최저개발국에 살고 있으며, 가난한 자 중에서도 가장 가난한 자들에 속한다. 육체적·정신적 문제가 그들이 일상적으로 경험하는 애로이지만, 사회의 태도, 불의, 그리고 여러 자원들에 대한 접근성 부족 또한 그들이 장애를 경험하게 만드는 요인이다.

장애인들을 섬기는 것은 의료 혜택이나 사회적 지원으로 끝나는 것이 아니다. 그것은 사회와 교회가 이들을 포용하고 평등하게 대하도록 이들과 가족들과 돌보는 자들 곁에서 싸우는 것도 포함한다. 하나님은 상호 간의 우정과 존경과 사랑과 정의를 행하도록 우리를 부르신다.

A. 문화적 고정관념을 거부하는 일에 전 세계 그리스도인들이 앞장서자. 이것은 사도 바울의 말처럼 "우리가 이제부터는 어떤 사람도 육신을 따라 알지 아니"하기 때문이다.[65] 하나님의 형상으로 창조된 우리 모두는 하나님이 그분의 사역에 사용하실 수 있는 은사들을 갖고 있다. 우리는 장애인들을 섬길 뿐 아니라 장애인들의 섬김을 받는 것에도 헌신한다.

B. 우리는 교회와 선교 지도자들이 장애인을 위한 선교를 고려할 뿐 아니라, 장애인 신자들 자신이 그리스도의 몸의 일부로서 선교적 소명을 수행하도록, 그들의 소명을 인식하고 확언하고 그들을 격려할 것을 권면한다.

C. 우리는 너무 많은 장애인들이, 장애의 원인이 개인적인 죄, 믿음의 부족 혹은 치유 받으려는 마음이 없기 때문이라고 들어 온 데 대해 애통한다. 우리는 성경이 이것을 보편적 진리로 가르친다는 말을 부정한다.[66] 이와 같은 거짓된 가르침은 목회적으로 무감각하고 영적으로 무가치한 것이다. 이러한 가르침은 장애인이 직면하는 다른 장벽들에 죄책감과 좌절감을 더할 뿐이다.

D. 우리는 우리의 교회들을 장애인을 위한 포용과 평등의 장소로 만드는 일에 헌신하며, 사회에서 장애인의 편에 서서 편

---

65 고후 5:16.

66 요 9:1-3.

견에 저항하고 그들의 필요를 변호하는 데 헌신한다.

5. 에이즈를 앓는 사람들을 위한 그리스도의 평화

HIV와 에이즈는 수많은 나라들에서 주된 위기의 원인이 되고 있다. 많은 신자들을 포함하여 수백만 명의 사람들이 HIV에 감염된 상태이며, 수백만 명의 어린이들이 에이즈로 인해 고아가 되었다. 하나님은 HIV에 감염된 사람들과 감염시킨 사람들, 그리고 생명을 구하고자 할 수 있는 모든 노력을 기울이는 이들을 향해 그분의 싶은 사랑과 긍휼을 부여 주도록 우리를 부르신다. 우리는 예수님의 가르침과 모범이, 그리고 십자가와 부활의 변혁적 능력이 세상이 긴급히 필요로 하는 HIV와 에이즈에 대한 통전적 복음의 응답에서 중심이 된다고 믿는다.

A. 우리는 HIV와 에이즈를 안고 살아가는 사람들에 대한 모든 정죄와 적대감, 오명, 그리고 차별을 거부하고 고발한다. 그러한 일들은 그리스도의 몸 안에서는 죄이자 수치이다. 우리 모두는 죄를 지었고, 하나님의 영광에 이르지 못했다. 우리는 은혜로만 구원을 받았다. 우리는 판단에는 더디어야 하고 회복과 용서에는 신속해야 한다. 또한 매우 많은 사람들이 자신들의 잘못 없이, 그리고 종종 다른 사람들을 돌보다가 HIV에 감염된다는 것을 슬픔과 긍휼의 마음으로 인지해야 한다.

B. 우리는 모든 목회자가 바울이 명한 것처럼 성적 순결과 신

실함의 모범이 되며, 결혼만이 성적 연합을 위한 공간임을 분명하게 더 자주 가르칠 것을 권고한다. 이것은 성경의 분명한 가르침이기 때문일 뿐 아니라, 만연한 혼외 성관계가 HIV 감염 국가에 그 바이러스를 급속히 퍼뜨린 주된 요인이기 때문에 필요하다.

C. 전 세계의 교회가 하나 되어 그리스도의 이름과 성령의 능력으로 이 도전에 맞서자. 우리 형제자매들과 함께 일어나서 HIV와 에이즈의 가장 큰 공격을 받는 지역에 대한 실제적 지원과 긍휼 어린 보호(과부와 고아를 돌보는 것을 포함하여), 사회적·정치적 옹호, 교육 프로그램(특히 여성들의 능력을 강화하는 프로그램들), 그리고 지역적 상황에 적합한 효과적 예방책 제공을 추진하자. 우리는 이런 긴급하고 예언적인 행동을 교회의 총체적 선교의 일부로 여기며 이 일에 헌신한다.

6. 고통받는 창조 세계를 위한 그리스도의 평화

하나님의 창조 세계와 관련된 성경의 명령은 "케이프타운 신앙 고백" 7장(A)에 명시되어 있다. 모든 인류는 하나님의 선한 창조 세계의 풍성함을 지키는 청지기가 되어야 한다. 우리는 농업, 어업, 광업, 에너지 산업, 기술, 건축, 무역, 의료 등과 같은 영역에서 인간의 복지와 필요를 위해 창조 세계를 사용함으로써 신적 통치를 수행하는 권한을 위임받았다. 우리는 또한 그 일을 수행하면서 이 땅과 그 안의 모든 피조물을 돌보라는 명령을 받았다. 이 땅은 우리가 아닌 하나님께 속한 것이기 때문이다. 우리는 모든 창조 세계의 창조주이시며 주인이시고 보존자이시며 구속자이시고 상속자이신 주 예수 그리스도를 위해 그 명령을 수행한다.

우리는 생물 다양성을 포함하여 이 땅의 자원들이 광범위하게 남용되고 파괴된 것을 애통한다. 오늘날 물리적인 세계가 직면하고 있는 가장 심각하고 긴박한 도전은 아마도 기후 변화의 위협일 것이다. 기후 변화는 가난한 국가의 국민들에게 더 심각한 영향을 미친다. 극단적 기후는 가난한 국가에 더 혹독한 영향을 끼지며, 그 국민들은 이에 대응할 능력이 거의 없다. 세계의 빈곤과 기후 변화, 이 둘은 함께, 그리고 동등한 긴박함으로 논의되어야 한다.

우리는 전 세계 그리스도인들에게 다음과 같이 촉구한다.

A. 환경을 파괴하고 오염시키는 소비 습관을 거부하는 삶의 방식을 채택하자.

B. 합법적인 수단으로 정부를 설득하여, 환경 파괴와 잠재적인 기후 변화 이슈들에 대해서는 정치적 판단을 초월한 도덕적 책임을 가지게 하자.

C. 다음 두 부류의 그리스도인들이 받은 선교적 소명을 인식하고 격려하자. (1) 농업, 산업, 의료를 통해 지구의 자원을 인간의 필요와 복지를 위해 올바르게 사용하는 일에 참여하는 그리스도인들, 그리고 (2) 환경 보호와 옹호를 통해 지구의 생물 서식지와 종을 보호하고 회복시키는 일에 참여하는 그리

스도인들. 이들은 모두 같은 창조주, 공급자, 구속자를 섬기고
자 하는 동일한 목표를 지니고 있다.

IIC

타 종교인들 속에서
그리스도의 사랑을 실천하기

1. "네 이웃을 네 몸과 같이 사랑하라"는 명령은
타 종교인들을 포함한다

"케이프타운 신앙 고백" 7장(D)의 선언을 고려할 때, 우리는 예수 그리스도의 제자로서, 타 종교인들을 성경적 의미의 이웃으로 여기도록 요구하시는 중요한 부름에 응답한다. 그들은 하나님의 형상으로 창조되었으며, 하나님이 사랑하시는 사람들이고, 그들의 죄를 위해 그리스도가 죽으셨다. 우리는 그들을 우리의 이웃으로 보려고 노력할 뿐 아니라 그들의 이웃이 됨으로써 그리스도의 가르침에 순종하고자 한다. 우리는 온유하되 그저 순진하지는 않으며, 분별하되 쉽게 속지는 말며, 위협 앞에서 깨어 있지만 두려움에 지배당하지 않도록 부름 받았다.

우리의 소명은 복음 전도를 통해 좋은 소식을 나누는 것이지, 비열한 개종 활동을 벌이는 것이 아니다. 복음 전도는 사도 바울의 본과 같이 설득력 있고 이성적인 논증을 포함하는 과정으로서 "공개적으로 정직하게 복음을 진술하고 그것을 듣는 이가 전적으로 자유롭게 자신의 의사에 따라 결단하게 하는 것이다. 우리는 다른 종교를 가진 사람들에 대해 민감하고자

하며, 그들의 회심을 강요하는 어떤 방법도 거부한다."[67] 이와
는 대조적으로 개종은 다른 이들을 강요하여 '우리처럼' 되게
하거나, '우리 종교를 받아들이게' 하거나, '우리 교파에 소속
되게' 만드는 일이다.

A. 우리는 우리의 모든 복음 전도 활동이 윤리적인 행위가 되
도록 세심한 주의를 기울인다. 우리의 증거는 "온유와 존중과
선한 양심을 가진" 모습으로 드러나야 한다.[68] 따라서 우리는
강제적이거나 비윤리적이거나 속임수를 사용하거나 상대를
존중하지 않는 복음 증거는 어떤 형태든 거부한다.

B. 우리는 사랑의 하나님의 이름으로 무슬림, 힌두교인, 불교
인, 그리고 다른 종교 배경을 지닌 사람들과 친구가 되지 못한
것을 회개한다. 예수님의 영 안에서 우리는 솔선하여 타 종교
인들에게 사랑과 선의와 환대를 보여 줄 것이다.

C. 우리는 진리의 하나님의 이름으로 (1) 타 종교에 관한 거짓
과 왜곡을 조장하는 행위를 거부하고, (2) 대중 매체와 정치적
수사를 통해 인종차별적 편견과 증오와 공포를 일으키는 것
을 고발하고 이에 저항한다.

D. 우리는 평화의 하나님의 이름으로, 폭력적인 공격을 당하
는 경우에라도 타 종교인들을 대하는 모든 관계에서 폭력과
복수의 길을 거부한다.

---

67 마닐라 선언 12장.
68 벧전 3:15-16. 행 19:37과 비교하라.

ε. 우리는 타 종교인들과의 대화가 의미 있는 활동임을 확언한다. 바울도 회당과 공공장소에서 유대인들이나 이방인들과 논쟁을 벌였다. 이러한 대화는 기독교 선교의 일부로서 타당한 것이며, 그리스도의 유일성과 복음의 진리에 대한 확신이 타인에 대한 경청의 태도와 결합된 모습이다.

2. 그리스도의 사랑은 우리에게 복음을 위해 고난당하고 때로는 죽음을 감수하도록 요구한다

그리스도의 증인으로서 선교에 참여할 때 우리는 고난을 피할 수 없다. 그리스도의 사도들과 구약의 예언자들도 마찬가지였다.[69] 기꺼이 고난을 받는 것은 우리의 선교가 참된 것임을 증명하는 명백한 표지이다. 하나님은 그분의 선교를 진전시키기 위해 고난과 박해와 순교를 사용하기도 하신다. "순교는 그리스도가 특별히 귀중하게 여기겠다고 약속하신 증인 됨의 한 방식이다."[70]

편안하고 부유한 삶을 살고 있는 많은 그리스도인들은 그리스도를 위해 기꺼이 고난받으라는 그분의 부르심에 다시 귀를 기울여야 한다. 왜냐하면 다른 많은 신자들이 적대적인 종교 문화 속에서 예수 그리스도를 증거하는 대가로 그러한 고난을 받고 있기 때문이다. 그들은 신실한 순종 때문에 사랑하는 사람들이 순교하는 것을 보기도 하고 고문이나 박해도 견뎌야 했지만, 자신들에게 해를 입힌 사람들을 계속해서 사랑

---

69 고후 12:9-10, 4:7-10.
70 마닐라 선언 12장.

하고 있다.

A. 우리는 복음을 위해 고난받는 사람들의 간증을 눈물과 기도 가운데 듣고 기억한다. 그들과 함께 우리는 그리스도가 우리에게 명령하신 것처럼 "우리의 원수를 사랑하기" 위해 은혜와 용기를 간구한다. 우리는 복음 증거자들에게 매우 적대적인 곳에서도 복음이 열매 맺기를 기도한다. 고난받는 자들을 위해 올바르게 슬퍼하면서, 우리는 하나님의 사랑과 복음, 그리고 그분의 종들을 거부하고 거절하는 이들에 대해 하나님이 느끼시는 무한한 슬픔을 기억한다. 우리는 그들이 회개하고 용서받으며 하나님과 화해하는 기쁨을 발견하기를 간절히 바란다.

3. 행동하는 사랑은 은혜의 복음을
몸으로 나타내고 매력 있게 만든다

"우리는 그리스도의 향기다."[71] 우리의 소명은 타 종교인들 속에서 하나님의 은혜의 향기가 가득한 모습으로 살고 그들을 섬김으로써 하나님이 선하신 분임을 타 종교인들이 느끼고 보게 하는 것이다. 우리는 그러한 몸으로 나타낸 사랑을 통해 어떤 문화적·종교적 상황에서든지 복음을 매력 있게 만들 수 있다. 그리스도인들이 사랑의 삶과 섬김의 행위를 통해 타 종교인들을 사랑할 때, 하나님의 변화시키는 은혜가 구체화된다.

수치와 복수가 종교적 율법주의와 결합되어 있는 '명예'의 문

---

71 고후 2:15.

화에서는, '은혜'는 낯선 개념이다. 이런 상황에서는 하나님의 유약하고 자기 희생적인 사랑에 대한 논쟁은 부적절하다. 그것은 너무 낯설어서 심지어 거부감을 일으킬 수도 있다. 이런 곳에서는 너무도 은혜에 굶주린 나머지 감히 은혜를 맛보고자 하는 사람들만이 오랜 기간에 걸쳐 조금씩 은혜의 감각을 체득할 뿐이다. 그리스도의 향기는 그분을 따르는 사람들이 접촉하는 모든 이에게 조금씩 스며든다.

4. 우리는 하나님이 은혜로 충만한 남녀 그리스도인들을 더 많이 일으켜 세워 주시기를 소원한다. 이들이 타 종교가 지배하는 어려운 곳에서 오랫동안 살며 사랑하고 섬길 때, 위험하고 복음이 환영받지 못하는 문화 속에서도 예수 그리스도의 은혜가 그 향기와 맛을 드러내게 된다. 이런 삶은 인내와 오래 참음을 요구하며, 때로는 전 생애와 목숨까지도 바쳐야 하는 삶이다.

4. 사랑은 제자도의 다양성을 존중한다

소위 '내부자 운동'(insider movements)은 여러 종교 안에서 발견된다. 이들 집단은 예수님을 그들의 하나님과 구원자로 추종한다. 그들은 소그룹으로 모여 예수님과 성경을 중심으로 한 친교, 가르침, 예배, 기도를 실행하면서도, 동시에 날 때부터 속한 공동체에 사회적·문화적으로 동화되어 살며 그 문화의 종교적 관습들도 그대로 지키고 있다.

이는 복잡한 현상이며, 이에 대한 반응들도 차이가 크다. 어떤 이들은 이 운동을 권장하지만, 어떤 이들은 그들의 혼합주의를 경계한다. 혼합주의는 그리스도인들이 자신의 문화 속에서 신앙을 표현할 때 항상 직면하게 되는 위험이다. 하나님이 우리가 예상치 못한 생소한 방식으로 일하시는 것을 볼 때, (1) 서둘러 그것을 하나의 새로운 선교 전략으로 받아들여 장려하거나, (2) 상황에 대한 민감한 귀 기울임 없이 성급하게 비난하는 태도를 피해야 한다.

A. 우리는 안디옥에 도착해 하나님의 은혜를 보고 기뻐하여 모든 사람에게 "굳건한 마음으로 주와 함께 머물러 있으라"고 권했던[72] 바나바의 심정으로, 이 문제에 직면한 모든 사람에게 권고한다.

1. "이방인 중에서 하나님께로 돌아오는 자들을 괴롭게 하지 말라"[73]는 사도의 결정과 모범을 주요 지도 원리로 받아들이자.

2. 관점의 다양성을 인식하고 겸손과 인내와 온유를 실천하며, 시끄러움과 상호 비난을 삼가며 서로 대화하자.[74]

5. 사랑은 흩어져 있는 사람들을 향해 나아간다

오늘날 전례 없는 인구 이동이 일어나고 있다. 이주는 우리 시대의 중대한 세계적 현실이다. 2억 명 정도의 인구가 자발적 또는 비자발적으로 모국을 떠나 살고 있는 것으로 추정된다.

---

72 행 11:20-24.

73 행 15:19.

74 롬 14:1-3.

'디아스포라'(diaspora)라는 말은 어떤 이유에서건 자신들의 출생지를 떠난 사람들을 가리키는데, 그리스도인을 포함하여 다양한 종교적 배경을 지닌 수많은 사람들이 디아스포라로 살고 있다. 일자리를 찾는 경제적 이주자들, 전쟁이나 자연재해로 인한 국내 이주민들, 난민과 망명자들, 인종 청소의 희생자들, 종교적 폭력과 박해를 피해 도망친 사람들, 가뭄이나 홍수, 전쟁으로 인한 기근 피해자들, 도시로 이주한 빈농들이 모두 그런 이들이다.

우리는 현대의 이주 현상과 관련된 악과 고통을 무시하지 않지만, 그 현실이 하나님의 주권적인 선교적 목적 안에 있음을 확언한다.[75]

A. 우리는 교회 및 선교 지도자들이 세계적인 이주 현실과 디아스포라 공동체가 제공하는 선교적 기회들을 인식하고, 전략적인 계획을 수립하며, 디아스포라 공동체 사역으로 부름받은 사람들을 집중 훈련하고 자원을 제공함으로써 그 기회에 반응할 것을 권고한다.

B. 우리는 다양한 종교 배경을 지닌 이주자 공동체와 국제 학생 및 학자들이 머무는 국가의 그리스도인들이 행위와 말로써 그리스도의 사랑을 대항문화적으로 증언할 것을 권면한다. 그것은 이방인을 사랑하고, 외국인의 처지를 변호하며, 갇힌 자를 돌아보고, 환대를 실천하고, 우정을 나누고, 그들을 우리의 가정으로 초청하고, 돕고 섬기라는 성경의 풍부한 명

---

75 창 50:20.

령들에 순종함으로써 이루어진다.[76]

C. 우리는 디아스포라 공동체에 속한 그리스도인들에게, 비록 자신들이 선택하지 않은 환경이라 할지라도 그 안에서 하나님의 손길을 분별하라고 권면한다. 그리고 그들이 머물고 있는 사회 공동체 안에서 그리스도를 증거하도록 하나님이 주시는 기회를 선용하며, 그 공동체의 복지를 추구하라고 권면한다.[77] 만일 그 나라에 이미 기독교 교회들이 존재한다면, 이주민 교회와 토착 교회가 서로 경청하고 배우며, 그 나라의 모든 영역에 복음으로 영향을 끼치는 사역을 협력하여 전개할 것을 촉구한다.

6. 사랑은 모든 사람의 종교적 자유를 위해 일한다

인권을 지지하기 위해 종교의 자유를 옹호하는 것은 박해에 직면하여 십자가의 길을 따르는 것과 모순되지 않는다. 그리스도를 위하여 개인적으로 기꺼이 자신의 인권 침해와 상실을 받아들이는 것과 인권이 짓밟히는 상황에서도 목소리를 낼 수 없는 사람들을 옹호하며 발언하는 것 사이에는 결코 당착이 없다. 또한 우리는 타 종교인들의 권리를 옹호하는 것과 그들의 신앙이 옳다고 인정하는 것은 서로 다른 것임을 알아야 한다. 우리는 타 종교를 진리로 받아들이지 않더라도 타 종교인들의 신앙과 실천의 자유를 옹호할 수 있다.

---

76 레 19:33-34; 신 24:17; 룻 2장; 욥 29:16; 마 25:35-36; 눅 10:25-37, 14:12-14; 롬 12:13; 히 13:2-3; 벧전 4:9.
77 렘 29:7.

A. 모든 사람의 종교적 자유라는 목표를 위해 노력하자. 이것은 우리로 하여금 박해를 받고 있는 그리스도인들과 타 종교인들을 대신하여 정부를 향해 발언하도록 요구한다.

B. 선한 시민이 되라는 성경적 가르침에 전심으로 순종하자. 우리가 사는 나라의 복지를 추구하고, 권위를 가진 자들을 존중하고 그들을 위해 기도하며, 세금을 내며, 선을 행하고, 평화롭고 평온한 삶을 추구하자. 그리스도인은 국가가 하나님이 금하신 것을 명령하지 않고 하나님이 명령하신 것을 금하지 않는다면, 국가에 순종하노록 부름 받았다. 국가가 우리에게 국가에 대한 충성과 하나님에 대한 더 큰 충성 가운데 하나를 택하라고 강요한다면, 우리는 이미 주님이신 예수 그리스도께 "예"라고 말했으므로 국가에 대해서는 "아니오"라고 말해야 한다.[78]

모든 사람의 종교적 자유를 위해 우리는 모든 합법적 노력을 다하겠지만, 우리의 마음속 가장 깊은 열망은 모든 사람이 주 예수 그리스도를 알게 되고, 자유로이 그분을 믿고, 구원을 받으며, 하나님 나라에 들어가게 되는 것이다.

---

78 렘 29:7; 벧전 2:13-17; 딤전 2:1-2; 롬 13:1-7; 출 1:15-21; 단 6장; 행 3:19-20, 5:29.

IID
세계 복음화를 위한
그리스도의 뜻을 분별하기

1. 미전도 종족과 미접촉 종족

하나님은 모든 사람이 하나님의 사랑과 예수 그리스도를 통한 그분의 구원 사역에 대한 지식을 갖게 되기를 바라신다. 우리는 그리스도인들의 증거가 미치지 못하여 아직도 그러한 지식에 접근할 수 없는 수천의 종족 집단이 세상에 존재하는 것을 슬프고 부끄러운 마음으로 인식한다. 그들을 미전도(unreached) 종족이라고 부르는데, 그들 가운데 알려진 신자들이나 교회가 없다는 의미이다. 이 종족들 중 다수는 또한, 현재까지 알려진 바로는, 그들에게 복음을 전하려고 시도하는 교회나 선교 단체가 없다는 점에서 미접촉(unengaged) 종족이다. 그럼에도 가장 소외된 이 미전도 종족들을 위해 동원되는 교회의 인적·물적 자원은 아주 미미하다.

이들은 결코 우리에게 복음을 들고 오라고 요청하지 않을 것이다. 그것을 전혀 알지 못하기 때문이다. 그러나 예수님이 모든 나라를 제자 삼으라고 우리에게 명령하신 지 2000년이 지난 지금, 그들의 존재는 우리의 불순종에 대한 책망이며 영적인 불공정의 현실일 뿐 아니라 소리 없는 '마케도니아 사람의 요청'이다.

전 세계 교회가 한마음으로 일어나 이 도전에 응답하자.

A. 현실에 눈멀었던 것과 그들과 복음을 나누는 일을 긴박한 일로 여기지 않았던 것을 회개하자.

B. 아직 복음을 듣지 못한 사람들에게 가고, 그들의 언어와 문화에 깊이 참여하고, 성육신적 사랑과 희생적 봉사의 삶으로써 그들 가운데 복음을 나타내며, 주 예수 그리스도의 빛과 진리를 말과 행위로 전하며, 성령의 능력을 통해 그들로 하여금 하나님의 놀라운 은혜에 눈뜨게 하는 일에 우리의 헌신을 새롭게 하자.

C. 성경은 복음 전도에 필수적이므로, 이 세상에서 성경이 없는 가난을 뿌리 뽑자. 이를 위해 우리는,

  1. 아직 하나님 말씀의 일부도 자신들의 언어로 갖지 못한 종족들을 위해 그들의 언어로 성경을 번역하는 일을 서둘러야 한다.

  2. 성경의 메시지가 구전적 수단들을 통해 널리 전파되게 해야 한다(다음의 '2. 구술 문화' 항목을 보라.)

D. 성경은 신자들을 제자 삼아 그리스도를 닮게 하는 데 필수적이므로, 교회 안에 있는 성경에 대한 무지를 뿌리 뽑자.

  1. 우리는 모든 하나님의 교회가 성경을 가르치는 일의 중대함에 대해 새로운 확신에 사로잡히게 되기를 소원한다. 성경은 교회의 사역과 연합과 성숙에 필수적이다.[79] 우리는 그리스도가 목회자-교사로 교회에 주신 모든 이의 은사 발휘를 기뻐한다. 우

---

79 엡 4:11-12.

리는 하나님의 말씀을 선포하고 가르치는 일에서 목회자-교
사들을 발굴하고 격려하고 훈련하고 지원하기 위해 모든 노력
을 기울일 것이다. 그러나 그렇게 하는 가운데 하나님의 말씀
사역을 소수의 유급 전문가의 일이나 교회 강단에서 공식적인
설교를 하는 일로 제한하는 일종의 성직주의는 거부해야 한
다. 하나님의 백성을 목양하고 가르치는 데 분명한 은사가 있
는 많은 남녀들이, 형식에 얽매임 없이 혹은 교단의 공식적인
임명 없이도, 하나님의 성령이 주시는 분명한 복으로 자신들
의 은사를 발휘하고 있다. 그들 역시 인정을 받고 격려를 받아
야 하며, 또한 하나님의 말씀을 바르게 다룰 수 있도록 구비되
어야 한다.

2. 우리는 책보다는 디지털 방식의 의사소통에 익숙한 세대가 더
   나은 성경 이해 능력을 가지도록 도와야 한다. 디지털 도구를
   활용한 귀납적 성경 연구를 장려하고, 현재 종이와 펜과 연필
   로 하는 성경 연구만큼 깊이 있는 탐구를 하도록 도와야 한다.

ℰ. 복음 전도를 온전히 통합된 우리의 모든 선교 활동의 중심
에 두자. 복음이야말로 성경적으로 타당한 모든 선교의 원천
이요 내용이자 권위이기 때문이다. 우리가 행하는 모든 것은
하나님의 사랑과 은혜의, 그리고 예수 그리스도를 통한 하나
님의 구원 사역의 구현이며 선포여야 한다.

2. 구술 문화

전 세계 인구 중 다수가 구술적 의사소통 방식을 사용하며, 문

자적 수단들을 통해 배울 수 없거나 배우지 않는다. 그들의 절반 이상은 앞서 정의한 미전도 종족들이다. 이들 가운데 자신들의 언어로 된 성경이 한 구절도 없는 인구가 3억 5천만 명 정도로 추정된다. 이런 '일차적 구술 학습자들' 외에도 많은 '이차적 구술 학습자들'이 있다. 이들은 엄밀한 의미에서 문맹은 아니지만, 의사소통에서 시각적 학습이 중요해지고 이미지의 역할이 지배적이 되면서 구술적 의사소통을 더 선호하게 된 사람들이다.

우리는 구술의 문제를 인식하고 다음과 같이 실천하자.

A. 구술적 방법을 더 많이 사용하자.

B. 우선적으로 미전도·미접촉 종족 집단의 핵심 언어들로 구술 이야기 성경을 만들어 내자.

C. 선교 단체로 하여금 구술 전략들을 개발하도록 격려하자. 이 전략에는 복음 전도와 제자 훈련과 리더십 훈련에 사용할 수 있는 성경 이야기를 녹음하여 배포하는 것, 전도자들과 교회 개척자들에게 적절한 구술 훈련을 제공하는 것이 포함된다. 그들은 스토리텔링, 춤, 예술, 시, 암송, 그리고 연극 등 온전한 성경의 구원 이야기를 전하는 데 효과적인 구술적·시각적 의사소통 방식들을 사용할 수 있다.

D. 남반구의 지역 교회들이 그 지역의 미전도 종족 집단들에게 각 종족의 세계관에 맞는 구술적 방법들을 통해 나아가도록 격려하자.

ㄷ. 신학교가 목회자들과 선교사들에게 구술적 방법론에 대한 훈련을 제공하는 교육 과정을 만들도록 장려하자.

3. 그리스도 중심의 지도자들

많은 지역의 급속한 교회 성장이 피상적이고 취약한 성장이 되는 이유는 한편으로는 제자화된 지도자들이 부족하기 때문이고, 다른 한편으로는 많은 이들이 세속적인 권력과 높은 신분을 얻기 위해, 또는 개인적 축재를 위해 그들의 지위를 이용하기 때문이다. 그 결과 하나님의 백성은 고통을 겪고, 그리스도는 수치를 당하시고, 복음 선교는 훼손되고 있다. 종종 '리더십 훈련'이 중요한 해결책으로 제안된다. 실제로 온갖 종류의 리더십 훈련 프로그램들이 늘어나고 있지만, 두 가지 이유 때문에 문제는 여전히 남아 있다.

첫째로, 훈련을 통해 지도자들을 경건하고 그리스도를 닮은 사람으로 만들려는 것은 순서가 바뀐 것이다. 성경적으로 보면, 삶을 통해 이미 성숙한 제자도의 기본적인 특징을 드러내는 사람들이 지도자로 세워져야 한다.[80] 그러나 오늘날 지도자의 지위에 있는 많은 사람들이 제자의 모습을 거의 드러내지 못하고 있다면, 그들의 리더십 개발에 기본적 제자 훈련을 포함시키는 것 외에는 대안이 없다.

오늘날 세계 교회에 그리스도를 닮지 않은 세속적인 리더십이

---

80 딤전 3:1-13; 딛 1:6-9; 벧전 5:1-3.

만연한 것은, 여러 세대에 걸친 축소된 복음 전도와 제자 훈련의 소홀과 피상적인 성장의 부끄러운 결과일 것이다. 리더십 실패에 대한 해결책은 더 많은 리더십 훈련이 아니라 더 나은 제자 훈련이다. 지도자는 먼저 그리스도의 제자여야 한다.

둘째, 어떤 리더십 훈련 프로그램은 경건한 성품은 소홀히 하고 지식과 방법론과 기술 전달에 초점을 두고 있다. 이와는 대조적으로 진정한 기독교 지도자들은 종의 심성과 겸손, 온전함과 순결함, 탐욕 없는 마음과 기도, 하나님의 영에 대한 의존과 인간에 대한 깊은 사랑을 지닌 그리스도를 닮은 이들이다. 나아가 어떤 리더십 훈련 프로그램은 바울이 지도자의 자질 목록에 포함시킨 가장 중요한 기술, 곧 하나님의 말씀을 그분의 백성에게 가르치는 능력에 대한 구체적인 훈련이 결여되어 있다. 성경을 가르치는 기술은 제자 삼는 사역을 위한 최상의 수단이지만, 오늘날의 교회 지도자들에게는 가장 심각하게 결여된 부분이다.

A. 우리는 제자 삼는 사역이 크게 강화되는 것을 보기를 원한다. 새신자에 대한 장기간의 가르침과 양육이 이루어져서 장차 하나님이 교회의 지도자로 부르시고 세우실 이들이 성숙함과 종 됨에서 성경적 기준에 부합하게 되기를 소원한다.

B. 우리는 지도자들을 위한 기도에 헌신할 것을 새롭게 다짐한다. 우리는 하나님이 성경에 순종하는 신실한 지도자들을 더 많이 보내시고 그들을 보호하며 격려해 주시길 소원한다.

우리는 하나님의 이름을 더럽히며 복음을 훼손하는 지도자들을 꾸짖으시고, 제거하시며, 회개로 이끄시길 기도한다. 또한 새로운 세대로부터 그리스도를 알고 그분을 닮으려는 열망을 최우선으로 삼는, 제자이며 종인 지도자들을 일으키시기를 기도한다.

C. 기독교 지도자로서 우리는 자신의 연약함을 인식하고 그리스도의 몸 안에서 책무(accountability)의 은사를 받아들여야 한다. 우리는 책무 집단에 순종하는관행을 권고한다.

D. 우리는 신학교들과 리더십 훈련 프로그램을 실시하는 모든 이에게 지식 전달이나 점수를 매기는 일보다는 영성과 인격 형성에 좀 더 초점을 맞출 것을 강하게 권고한다. 그리고 우리는 이미 그것을 실천하면서 포괄적인 '전인적' 리더십 개발을 추구하고 있는 사람들로 인하여 기뻐한다.

4. 도시

도시는 인간의 미래와 세계 선교에 결정적으로 중요하다. 현재 전 세계 인구의 절반이 도시에 거주하고 있다. 도시에는 다음 네 부류의 중요한 사람들이 살고 있다. (1) 차세대 젊은이들, (2) 이주한 미전도 종족, (3) 문화 형성자들, (4) 최하층의 가난한 사람들.

A. 우리는 우리 시대에 일어난 거대한 도시화의 흐름 속에서 하나님의 손길을 발견한다. 그러므로 전 세계의 교회와 선교

지도자들이 도시 선교에 긴급히 전략적 관심을 기울임으로써 이러한 현실에 대응할 것을 촉구한다. 하나님이 도시를 사랑하시듯이 우리도 거룩한 분별력과 그리스도의 긍휼로 도시를 사랑하고, 그곳이 어디든 "그 성읍의 평안을 구하라"는 그분의 명령에 순종해야 한다. 우리는 도시의 현실에 적합한 유연한 선교 방법들을 배우고자 노력할 것이다.

5. 어린이

모든 어린이가 위험에 처해 있다. 전 세계에 대략 20억 명 정도의 어린이들이 있는데, 그들 중 절반은 빈곤의 위험에 처해 있고, 수백만 명의 어린이들은 풍요의 위험에 처해 있다. 부유하고 안전한 환경에서 살고 있는 어린이들은 모든 것을 누리고 있으나 삶의 목적은 상실한 채 살고 있다.

어린이들과 젊은이들은 내일의 교회일 뿐 아니라 오늘의 교회이다. 젊은이들은 하나님의 선교를 활발히 수행할 수 있는 막대한 잠재력을 지니고 있다. 그들은 하나님의 음성에 민감하고 기꺼이 그 음성에 순종하려는 마음을 지니고 있으며, 장차 영향력을 발휘할 수많은 사람들이 그들로부터 나올 것이다. 우리는 어린이들 사이에서 그들과 함께 섬기는 훌륭한 사역들을 기뻐하고, 이 긴요한 사역이 확장되기를 소원한다.

성경에서 보듯이 하나님은 사람들의 마음을 움직이기 위해 어린이들과 젊은이들-그들의 기도와 통찰력, 그들의 말과 진취성-을 사용하실 수 있고, 또 실제로 사용하신다. 그들은 세상을 변화시킬 '새로운 에너지'를 대표한다. 어른들의 합리주의적인 태도로 그들의 어린아이 같은 영성을 억누르지 말고, 그들의 말을 경청하자.

이를 위해 우리는 다음과 같이 헌신한다.

A. 어린이를 중요하게 여긴다. 어린이를 향한, 그리고 어린이들을 통해 나타나는 하나님의 사랑과 목적에 대해 신선한 성경적·신학적 질문을 던진다. 그리고 "어린아이 하나를 데려다가 그들 가운데" 세우신[81] 예수님의 도전적인 행위의 심오한 신학적·선교적 의미를 재발견한다.

B. 전 세계 어린이의 필요를 채우기 위해 사람들을 훈련하고 자원들을 제공하려고 노력한다. 다음 세대의 어린이와 젊은 이를 위한, 그리고 그들을 통한 총체적 사역이 세계 선교의 핵심 요소라는 확신을 갖고, 가능한 곳이면 어디서나 가족이나 공동체와 협력하며 어린이들의 필요를 채우는 일에 힘쓴다.

C. 어린이에 대한 폭력, 착취, 노예화, 인신매매, 매춘, 성차별과 인종차별, 상업적 이용, 고의적인 유기 등 어린이 학대의 모든 실상을 폭로하고 그에 대항하며 반대하는 행동을 취한다.

---

[81] 막 9:33-37.

6. 기도

이 모든 우선순위 중 무엇보다도 기도에 새로이 헌신하자. 기도는 소명이자 명령이며 선물이다. 기도는 우리 선교의 모든 요소를 위한 필수적인 토대이며 자원이다.

A. 우리는 한마음으로, 초점을 맞추어, 끈질기게, 그리고 분명한 성경적 지식에 근거해 기도할 것이다.

1. 하나님이 성령의 능력 가운데 세계 곳곳으로 일꾼들을 보내 주시기를.

2. 복음 진리의 선포와 그리스도의 사랑과 능력을 나타냄을 통해, 모든 종족과 모든 지역에서 잃어버린 자들이 하나님의 영을 힘입어 그분께 나아오기를.

3. 하나님 백성의 성품과 행위와 말로 인해 하나님의 영광이 드러나고 그리스도의 이름이 알려지고 찬양받으시기를. 또한 우리는 그리스도의 이름 때문에 고난받고 있는 형제자매들을 위해 부르짖을 것이다.

4. 하나님 나라가 임하며 하나님의 뜻이 하늘에서와 같이 땅에서도 이루어지기를. 우리가 속한 사회 공동체 안에 정의가 바로 서고, 청지기 직분이 바르게 수행되고, 창조 세계가 돌봄을 받으며, 하나님의 평화의 복이 임하기를.

B. 우리는 나라들 가운데서 일하시는 하나님께 끊임없이 감사를 드리며, 이 세상 나라가 우리 하나님과 그리스도의 나라가 될 그날을 바랄 것이다.

IIE
그리스도의 교회가
겸손과 정직과 단순성을 회복하기

성경에서 '걷는 것'은 삶의 방식과 일상의 행위를 표현하는 은유이다. 바울은 에베소서에서 일곱 번에 걸쳐 그리스도인들이 어떻게 걸어야 하는지, 또 어떻게 걸어서는 안 되는지를 언급한다.[82]

1. 하나님의 새로운 인류로서 구별되어 걸어가기 [83]

하나님의 백성은 주님의 길을 따라 걷거나, 아니면 다른 신들의 길을 따라 걷는다. 성경은 하나님의 가장 큰 문제가 이 세상의 나라들과 관련한 것이 아니라, 그분이 나라들을 위한 복의 통로로 창조하고 부르신 백성과 관련한 것임을 보여 준다. 그리고 선교의 성취를 가로막는 가장 큰 장애물도 하나님 백성의 우상 숭배이다. 우리를 부르신 목적이 나라들로 하여금 유일하시고 참되시고 살아 계신 하나님을 예배하게 하는 것인데, 우리 자신이 주위의 거짓 신들을 따른다면, 우리는 그 목적에 비참하게 실패하는 것이기 때문이다.

그리스도인과 비그리스도인의 행위에 아무런 차이가 없다면, 예를 들어, 부패와 탐욕, 성적 방종과 이혼율, 기독교 이전의 종교 관습으로 돌아감, 다른 인종들에 대한 태도, 소비주의

---

82 다양하게 번역되지만 다음의 본문들은 모두 '걸어간다'라는 동사를 사용하고 있다. 엡 2:2, 10; 4:1, 17; 5:2, 8, 15장.

83 엡 4:17-32.

적인 삶의 방식, 사회적 편견 같은 것에서 구별되지 않는다면, 세상이 우리 기독교 신앙의 실효성에 대해 의문을 가지는 것이 당연하다. 우리의 메시지는 우리를 지켜보는 세상 앞에서 어떤 진정성도 가지지 못할 것이다.

A. 우리는 각 문화에 속한 하나님의 백성으로서 서로에게 도전한다. 우리가 의식적으로나 무의식적으로 주위의 우상들에 사로잡혀 있는 현실을 직면하자. 그리고 교회 안에 존재하는 거짓 신들을 규명하고 폭로하는 예언자적 분별력을 주시도록 기도하며, 주 예수의 이름과 권세를 힘입어 회개하고 우상 숭배를 버릴 수 있는 용기를 간구하자.

B. 성경적 삶이 없이는 성경적 선교도 없다. 그러므로 우리는 긴박한 마음으로 성경적 삶에 재헌신한다. 우리는 그리스도의 이름을 고백하는 모든 이에게 세상의 방식들과 급진적으로 구별된 삶을 살도록 도전하며, "하나님을 따라 의와 진리의 거룩함으로 지으심을 받은 새 사람을 입으라"고 권고한다.

2. 문란한 성행위의 우상을 거부하고 사랑 안에서 걸어가기[84]

창조 시에 하나님은 결혼을 한 남자와 한 여자 사이의 헌신적이고 신실한 관계로 설계하셨다. 결혼을 통해 그들은 한 몸이 되고, 출생 시의 가족과 구별된 새로운 사회적 연합을 이룬다. 또한 이러한 "한 몸"의 표현인 성적 결합은 오직 결혼 관계 안에서만 즐길 수 있게 하셨다. 결혼을 통해 "둘이 하나가 되는"

---

84 엡 5:1-7.

이 사랑의 성적 연합은 또한 교회와 그리스도의 관계, 그리고 새로운 인류 안에서 이루어지는 유대인과 이방인의 하나 됨을 반영한다.[85]

바울은 하나님 사랑의 순결함과 문란한 성행위로 나타나는 거짓 사랑과 그에 따르는 모든 것의 추함을 대조한다. 성경이 규정하는 결혼을 벗어난 혼전 성관계나 혼외 정사를 포함해 모든 종류의 문란한 성행위는 하나님의 뜻과 조화되지 않으며 복된 선물의 모조품에 불과하다. 문란한 성행위를 둘러싼 성의 남용과 우상 숭배는 결혼과 가족의 해체를 포함하여 더 광범위한 사회적 몰락을 초래하며, 고독과 착취로 인한 수많은 고통을 낳는다. 문란한 성행위는 교회 안에서도 심각한 이슈이며, 비극적이게도, 지도자들의 실패를 낳는 빈번한 원인이 되고 있다.

우리는 이 부분의 실패를 경계하며 더욱 겸손할 필요가 있다. 우리는 그리스도인들이 성경이 요구하는 기준에 따라 삶으로써 주변 문화에 도전하는 모습을 보기를 소원한다.

A. 우리는 목회자들에게 강력히 권고한다.

1. 교회 안에서 성에 관해 더 열린 대화를 나누도록 도우라. 건강한 관계와 가정 생활을 위한 하나님의 계획을 좋은 소식으로서 적극적으로 선포할 뿐 아니라, 그리스도인들이 우리 주변의 깨어진 역기능적인 문화에 참여하고 있는 부분을 목회적으로 정

---

85 엡 5:31-32; 2:15.

직하게 언급하라.

2. 하나님의 기준을 분명하게 가르치되, 죄인들을 향한 그리스도의 목회적 긍휼을 품고 가르치라. 성적 유혹과 죄에 대해 우리 모두가 얼마나 연약한지를 인식하라.

3. 성경적 기준에 따라 살며 성적인 신실함의 모범이 되기 위해 노력하라.

B. 교회의 일원으로서 우리는 다음과 같이 헌신한다.

1. 신실한 결혼 생활과 건강한 가정 생활을 강화하기 위해 교회와 사회 안에서 우리가 할 수 있는 모든 것을 행한다.

2. 교회 안의 독신자, 홀로된 이, 자녀 없는 이들의 존재와 소중함을 인식하고, 교회가 그리스도 안에서 그들을 환대하고 돌보는 가족이 되며, 그들이 교회의 사역 전 영역에서 은사를 온전히 발휘할 수 있도록 돕는다.

3. 주변 문화에 존재하는 포르노, 간음, 성적 문란 등 여러 가지 무질서한 성적 행태에 저항한다.

4. 어떤 이들을 동성애 행위로 이끄는 마음속 깊은 곳의 정체성 문제와 경험을 올바로 이해하고 다루기 위해 노력한다. 그리스도의 사랑과 긍휼과 정의로 그들에게 다가가며, 동성애자에 대한 모든 형태의 증오, 언어적·물리적 학대와 낙인 행위를 거부하고 정죄한다.

5. 하나님의 구속하시는 은혜는 변화와 회복의 가능성으로부터 어떤 사람이나 상황도 제외하지 않음을 기억한다.

우리의 타락과 죄로 인해 권력은 종종 다른 사람들을 학대하고 착취하는 데 사용된다. 우리는 성, 인종, 혹은 사회적 지위의 우월함을 주장하면서 우리 자신을 높인다. 바울은 교만과 권력이라는 우상의 모든 표지들에 대항하며, 하나님의 영으로 충만한 사람들은 그리스도를 위해 서로에게 복종해야 한다고 요구한다. 이러한 상호 복종과 서로를 향한 사랑은 결혼과 가족 관계에서, 그리고 사회 경제적 관계에서 표현되어야 한다.

A. 우리는 모든 그리스도인 남편과 아내, 부모와 자녀, 고용인과 노동자들이 성경의 가르침을 따라 살며 "그리스도를 경외함으로 피차 복종"하게 되기를 소원한다.

B. 우리는 목회자들에게 신자들을 잘 도울 것을 권면한다. 하나님이 그 자녀들에게 요구하시는 상호 복종을 이해하고 정직하게 논의하며 실천하게 하라. 탐욕과 권력과 학대가 만연한 세상에서, 하나님은 그분의 교회가 온유한 겸손과 신자들 간의 이타적인 사랑의 장소가 되도록 부르신다.

C. 우리는 특별히, 긴박한 마음으로 그리스도인 남편들을 향해 남편과 아내에 관한 바울의 가르침에 나오는 책임의 균형을 실행할 것을 요청한다. 상호 복종이란, 아내는 남편에게 복종하고, 남편은 예수 그리스도의 교회를 향한 자기 희생적 사

---

86 엡 5:15-6:9.

랑을 본받아 아내를 사랑하고 돌보는 것이다. 어느 문화에서든 어떤 형태로든 아내에 대한 언어적·정서적·육체적 학대는 그리스도의 사랑과 공존할 수 없다. 우리는 어떤 문화적 관습이나 왜곡된 성경 해석으로도 아내를 폭행하는 행위를 정당화할 수 없다고 주장한다. 이러한 행동이 목회자나 지도자를 포함해 그리스도인들 가운데서 발견되는 것에 대해 우리는 애통한다. 우리는 주저 없이 그러한 행위를 죄라고 선언하며, 회개와 그 행위의 포기를 요구한다.

4. 성공의 우상을 거부하고 정직함 가운데 걸어가기 [87]

우리는 부정직의 기초 위에 진리의 하나님 나라를 세울 수 없다. 그러나 우리는 '성공'과 '성과'를 갈망한 나머지 정직을 희생하라는 유혹을 받는다. 왜곡과 과장의 말도 결국 우리를 거짓으로 이끈다. 빛 가운데 걷는 삶은 "의로움과 진실함"을 지키는 것이다. [88]

A. 우리는 모든 교회와 선교 지도자들에게, 사역을 보고할 때 전적으로 진실하게 알리지 않으려는 유혹에 저항할 것을 요청한다. 확실치 않은 통계로 보고서를 과장하거나 무언가를 얻기 위해 진실을 왜곡할 때, 우리는 부정직한 것이다. 우리가 정직의 물로 씻어 정결케 되기를, 그리고 그러한 왜곡과 조작과 과장이 사라지기를 기도한다. 우리는 영적인 사역을 후원하는 모든 이에게, 마땅한 책무의 범위를 넘어 측정 가능하고

---

87 엡 5:8-9.
88 엡 5:9.

가시적인 성과들을 비현실적으로 요구하지 말 것을 요청한다. 전적으로 정직하고 투명한 문화를 만들기 위해 분투하자. 주님은 중심을 보시며 정직을 기뻐하시므로, 우리는 하나님의 빛과 진리 가운데 걸어가기를 선택할 것이다.[89]

5. 탐욕의 우상을 거부하고 검소함 가운데 걸어가기[90]

설교와 가르침을 통해 전 세계에 만연해 있는 '번영 복음'은 심각한 우려를 일으킨다. 우리는 번영 복음을, 신자들이 건강과 부의 복을 받을 권리가 있으며, 믿음을 긍정적으로 고백하는 것과 돈과 물질을 드리는 '씨 뿌리기'를 통해 이러한 복들을 얻을 수 있다는 가르침으로 규정한다. 번영에 대한 이와 같은 가르침은 모든 대륙에서 교파를 가리지 않고 나타나고 있다.[91]

우리는 기적을 통해 드러나는 하나님의 은혜와 능력을 받아들이며, 살아 계신 하나님과 그분의 초자연적인 능력을 기대하며 확신하도록 이끄는 교회와 사역이 성장하는 것을 환영한다. 우리는 성령의 능력을 믿는다. 그러나 우리는 하나님의 기적적인 능력이 자동적인 것인 양 취급할 수 있다거나, 인간의 기술이나 말, 행동, 헌금, 물건, 의식에 좌우된다는 생각을 거부한다.

---

89 대상 29:17.

90 엡 5:5.

91 로잔신학위원회가 소집한 아프리카 신학자들이 내놓은 "아크로퐁 선언: 번영신학 비판"(The Akropong Statement: A critique of the Prosperity Gospel)의 전문을 참조하라. www. lausanne.org/akropong.

우리는 성경이 인간의 번영에 대한 비전을 담고 있으며, 하나님의 복에는 물질적인 복지(건강과 부 모두)가 포함된다는 가르침을 확인한다. 그러나 우리는 영적인 복지가 물질적인 복지에 의해 가늠될 수 있다고 하거나, 부는 언제나 하나님의 복의 표지가 된다는 가르침은 비성경적인 것으로 간주하고 거부한다. 성경은 부가 억압이나 속임수나 부패에 의해서도 획득됨을 보여 준다. 우리는 또한 빈곤과 질병과 이른 죽음이 항상 하나님의 저주의 표지이거나 믿음이 부족한 증거이거나 또는 사람의 저주의 결과라는 주장도 거부한다. 성경은 그와 같이 단순한 설명을 거부하기 때문이다.

우리는 하나님의 능력과 승리를 찬양하는 것이 선한 일임을 받아들인다. 그러나 우리는 번영 복음을 열정적으로 전파하는 많은 이들의 가르침이 심각하게 성경을 왜곡하며, 그들의 행위와 삶의 방식이 비윤리적이며 그리스도를 닮지 않았고, 진정한 복음 전도를 자주 기적 추구로 대체하고, 회개의 요구를 설교자가 이끄는 단체에 대한 헌금 요청으로 대체한다고 믿는다. 우리는 많은 교회들이 이 가르침 때문에 목회적으로 해를 입고 영적인 건강을 잃어 가는 것을 애통한다.

우리는 그리스도의 이름으로 병든 자들을 치유하고 가난과 고통으로부터 항구적인 구출을 시도하는 모든 노력을 기쁜 마음으로 강력하게 지지한다. 번영 복음은 가난에 대한 항구적 해결책을 제공하지 않으며, 영원한 구원을 가져올 참된 메시지와 수단으로부터 사람들을 벗어나게 한다. 이런 이유로 번영 복음이 거짓된 복음임을 분명하게 말할 수 있다. 따라서 우리는 번영에 대한 지나친 가르침을 균형 잡힌 성경적 기독교와 양립하지 않는 것으로 여겨 거부한다.

A. 우리는 교회와 선교 지도자들에게 긴급히 권고한다. 번영 복음이 인기를 얻는 상황에서, 그 가르침을 예수 그리스도의 가르침과 모범에 비추어 주의 깊게 평가하라. 특히 우리 모두는 성경의 전체 문맥 속에서 적절한 균형을 유지하며, 번영 복음을 지지하는 데 흔히 사용되는 성경 본문들을 해석하고 가르칠 필요가 있다. 가난한 환경에서 번영 복음이 가르쳐진다면, 우리는 그 가르침에 맞서야만 한다. 가난한 자들을 위한 정의와 항구적인 변혁을 이루기 위해 진정한 긍휼의 마음으로 행동을 취해야 한다. 무엇보다도 우리는 자신의 이익과 탐욕 추구를 부추기는 가르침을, 자기 희생과 관대한 베풂을 그리스도의 참된 제자의 표지로 제시하는 성경적 가르침으로 대체해야 한다. 우리는 단순하고 검소한 삶의 방식을 추구하라는 로잔의 역사적 요청을 확인한다.

IIF
선교의 하나 됨을 위해
그리스도의 몸 안에서 동역하기

바울은 그리스도인의 하나 됨은 하나님의 창조 목적이라고 가르친다. 그것은 우리와 하나님과의 화해, 그리고 이웃 간의 화해에 근거하여 이루어진다. 이러한 이중적 화해는 십자가를 통해 성취되었다. 우리가 하나 되어 살고 동반자로서 협력할 때, 십자가의 초자연적이고 대항문화적인 능력을 드러내게 된다. 그러나 우리가 함께 협력하는 데 실패하여 불화를 보일 때, 우리는 우리의 선교와 메시지를 손상시키고 십자가의 능력을 부인하게 된다.

1. 교회의 하나 됨

분열된 교회가 분열된 세상에 줄 수 있는 메시지는 없다. 우리가 화해와 하나 됨의 삶을 살지 못하는 것은 선교의 진정성과 효력을 저해하는 주요한 원인이다.

A. 우리는 교회와 단체의 분열과 불화에 대해 애통한다. 우리는 그리스도인들이 은혜의 정신을 기리고 "평안의 매는 줄로 성령이 하나 되게 하신 것을 힘써 지키라"는 바울의 권면에 순종하기를 간절히, 그리고 긴박한 마음으로 바란다.

B. 우리는 가장 심오한 하나 됨은 영적인 하나 됨임을 알지만, 더 나아가 가시적이고 실제적인 땅 위의 하나 됨이 가진 선교

적 능력을 알게 되기를 소원한다. 따라서 우리는 전 세계의 그리스도인 형제자매에게, 우리가 함께 힘써야 할 증거와 선교를 위해 그리스도의 몸을 갈라놓으려는 유혹을 거부하고, 가능한 모든 곳에서 화해와 하나 됨을 회복하는 길을 추구할 것을 강권한다.

2. 세계 선교에서의 동반자 협력

선교에서 동반자 협력은 단지 효율성의 문제가 아니다. 그것은 주 예수 그리스도께 대한 우리의 복종이 전략적이고 실제적으로 구현되는 것이다. 우리는 너무도 자주 우리 자신의 정체성(인종, 교파, 신학 등)을 우선시하고 보존하는 방식으로 선교에 참여해 왔고, 우리의 한 주인이신 주님께 우리의 열정과 선호를 복종시키는 데 실패했다. 우리의 선교에서 그리스도의 우선성과 중심성은 신앙 고백에만 머물러서는 안 된다. 그것은 또한 우리의 전략과 실천과 하나 됨을 지배해야 한다.

우리는 다수 세계에서 선교 운동이 성장하고 힘을 얻는 것과 "서구에서 비서구로"라는 낡은 도식이 사라지고 있음을 기뻐한다. 그러나 우리는 선교적 책임의 바통이 세계 교회의 한 부분에서 다른 부분으로 넘어갔다는 생각을 수용하지는 않는다. 과거 서구의 승리주의를 거부하면서, 동일한 세속적 정신을 아시아, 아프리카, 라틴아메리카로 옮겨 놓은 것은 아무런 의미가 없다. 그 어떤 종족 집단이나 국가나 대륙도 자신들이 지상 명령을 완성하는 배타적 특권을 지녔다고 주장할 수 없다. 오직 주권자이신 하나님께 달린 일이다.

A. 우리는 세계 전 지역의 교회와 선교를 이끄는 지도자들로서 함께 서 있다. 우리는 함께 세계 선교에 공헌할 공평한 기회를 받은 자로 서로를 인정하고 용납하도록 부름 받았다. 하나님이 들어 쓰시는 사람들이라면, 비록 우리의 대륙이나 우리의 특정 신학이나 조직이나 동료 집단에 속한 사람들이 아니라 할지라도, 그리스도께 복종함으로써 의심과 경쟁과 교만을 내려놓고 그들로부터 기꺼이 배우자.

B. 동반자 협력은 돈 문제를 넘어서는 것이며, 무분별한 자금 투입은 교회를 부패시키고 분열시킨다. 교회가 돈 많은 사람들이 결정권을 갖는 원리로 움직이지 않음을 증명해 보이자. 더 이상 우리 자신이 선호하는 명칭, 슬로건, 프로그램, 시스템, 방법을 교회의 다른 부분에 강요하지 말자. 대신에 선교에서 남과 북, 동과 서의 참된 상호 관계, 서로 주고받는 상호 의존, 존중과 존엄성을 추구하자. 그것이야말로 진정한 우정과 참된 동반자 됨의 특징이다.

3. 동반자 협력 관계에 있는 남자와 여자

성경은 하나님이 자신의 형상을 따라 남자와 여자를 창조하셨고, 그들로 하여금 함께 땅을 다스리게 하셨다고 말한다. 그런데 남자와 여자가 함께 하나님께 반역함으로써 죄가 인류의 삶과 역사에 들어왔다. 하나님은 그리스도의 십자가를 통해 남자와 여자에게 똑같이 구원과 용납과 하나 됨을 가져다

주셨다. 오순절에 하나님은 모든 육체, 곧 아들들과 딸들에게 동일하게 예언의 영을 부어 주셨다. 따라서 여자와 남자는 창조와 죄, 구원과 성령을 받음에서 동등하다.[92]

우리 모두는 남자건 여자건, 기혼자건 미혼자건 하나님의 은혜의 청지기로서 하나님의 은사들을 다른 이들의 유익을 위해, 그리고 그리스도를 찬양하고 그분께 영광 돌리기 위해 사용할 책임이 있다. 그러므로 우리 모두는 또한, 하나님의 모든 백성으로 하여금, 하나님이 주신 모든 은사를, 하나님이 교회를 부르신 모든 섬김의 영역에서 사용할 수 있게 해야 할 책임이 있다.[93] 우리는 누구의 사역도 멸시하지 말고 성령을 소멸하지 말아야 한다.[94] 나아가 우리는 그리스도의 몸 안에서 이루어지는 사역을 지위와 권리가 아니라, 부름 받은 영역에서 은사를 나누고 책임을 감당하는 일로 여기기로 결심한다.

A. 우리는 로잔의 역사적인 입장을 지지한다. "우리는, 성령의 은사가 남자든 여자든 하나님의 모든 백성에게 주어져 있으므로, 복음 전도에 있어 동반자 협력을 통해 선을 이루어야 함을 단언한다."[95] 우리는 여자들이 성경 시대부터 현재까지, 세계 선교에 막대한 희생적 기여를 하며 남자와 여자를 섬긴 것을 인정한다.

B. 우리는 성경에 신실하게 순종하고자 하는 진지한 사람들

---

92 창 1:26-28, 3장; 행 2:17-18; 갈 3:28; 벧전 3:7.
93 롬 12:4-8; 고전 12:4-11; 엡 4:7-16; 벧전 4:10-11.
94 살전 5:19-21; 딤전 4:11-14.
95 마닐라 선언, 고백문 14항.

사이에도 상이한 견해들이 존재함을 인식한다. 어떤 이들은 사도들의 가르침을, 여성이 가르치거나 설교해서는 안 된다는 의미로 해석하는가 하면, 다른 이들은 여성이 그 일을 할 수 있으나 남성들 위에서 최고 권위를 가질 수는 없다고 해석한다. 또 어떤 이들은 신약 교회에 나타난 여성의 영적 동등함, 덕을 세우는 예언의 은사 발휘, 자신의 가정에 교회가 모이게 하는 일 등을 들어 다스림과 가르침의 영적 은사가 여성과 남성 모두의 사역에서 받아들여지고 발휘되어야 한다고 해석한다.[96] 우리는 이런 논쟁에서 서로 다른 편에 선 이들에게 요청한다.

1. 논쟁의 사안들과 관련해 상대를 비난하지 말고 서로 용납하자.[97] 합의에 이르지 못한 것이 분열과 파괴적인 말과 서로에 대한 불경건한 적대감을 정당화할 근거는 아니기 때문이다.

2. 함께 신중하게 성경을 연구하자. 원저자들과 현대 독자들의 상황과 문화에 적절한 주의를 기울이자.

3. 진정한 고통이 있는 곳에서는 우리가 긍휼을 보여야 하고, 불의와 부정직이 있는 곳에서는 그에 맞서야 하며, 우리가 형제나 자매 안에 나타난 성령의 분명한 역사를 거부했다면 회개해야 함을 인식하자.

4. 권력과 지위에 대한 세속적 추구를 버리고, 남자건 여자건 우리의 사역 형태가 예수 그리스도의 종 됨을 반영하게 만드는

---

96 딤전 2:12; 고전 14:33-35; 딛 2:3-5; 행 18:26, 21:9; 롬 16:1-5, 7; 빌 4:2-3; 골 4:15; 고전 11:5, 14:3-5.
97 롬 14:1-13.

일에 헌신하자.

C. 우리는 바울의 명령처럼[98] 교회들이 선한 것을 가르치고 모범을 보이는 경건한 여성들을 소중히 여길 것을 권면한다. 여성들이 교육과 봉사와 리더십에 참여하도록 기회의 문을 더 넓게 열자. 특히 복음이 불의한 문화적 전통에 도전하는 상황에서는 더욱 그렇게 하자. 우리는 여성들이 하나님이 주신 은사를 발휘하거나 그들의 삶에 대한 하나님의 부르심을 따르는 것에 방해받지 않기를 소원한다.

4. 신학 교육과 선교

신약성경은 복음 전도 및 교회 개척 사역(예를 들면, 사도 바울의 사역)과 교회 양육 사역(예를 들면, 디모데와 아볼로의 사역) 사이의 긴밀한 동반자 협력 관계를 보여 준다. 이 두 가지 과제는 모두 지상 명령의 일부이다. 예수님은 제자 삼는 일을 복음 전도("세례를 베풀기" 전 사역)와 "내가 너희에게 분부한 모든 것을 가르쳐 지키게 하라"고 하신 가르침의 사역으로 표현하셨다. 그러므로 신학 교육은 복음 전도를 넘어서는 사역이며 선교의 일부이다.[99]

지상 교회의 선교는 하나님의 선교를 섬기기 위한 것이고, 신학 교육의 사명은 교회의 선교와 함께하며 그것을 북돋우기 위한 것이다. 신학 교육은 첫째, 목회자-교사로서 교회를 이끄는 이들을 훈련하고, 그들로 하여금 하나님 말씀의 진리를 신실하고 적실하고 명료하게 가르치도록 구비시킨다. 둘째,

---

98 딛 2:3-5.

99 골 1:28-29; 행 19:8-10; 20:20, 27; 고전 3:5-9.

모든 하나님의 백성을 구비시켜, 하나님의 진리를 이해하고 모든 문화적 상황에서 적실성 있게 그 진리를 소통하는 선교적 과제를 수행하게 한다. 신학 교육은 영적 전쟁에 개입한다. 그것은 "하나님 아는 것을 대적하여 높아진 것을 다 무너뜨리고 모든 생각을 사로잡아 그리스도에게 복종하게" 하는 일이기 때문이다.[100]

A. 우리 중 교회와 선교 단체의 지도자들은 신학 교육이 본래 선교적인 것임을 인식해야 한다. 우리 중 신학 교육을 담당하는 자들은 의도석으로 신학 교육이 신교직인 교육이 되게 할 필요가 있다. 학문 기관에서 신학 교육의 지위는 그 자체가 목적이 아니라, 이 세상에서 교회의 선교에 봉사하기 위한 것이기 때문이다.

B. 신학 교육은 모든 형태의 선교적 활동과 동반자 협력 관계에 있다. 우리는 성경에 충실한 신학 교육을 공식적 또는 비공식적 형태로 현지·국내·지역·국제적 수준에서 제공하는 모든 이를 격려하고 지원한다.

C. 우리는 신학 교육 기관과 프로그램들이 '선교적 검증'을 실행할 것을 촉구한다. 교과 과정과 조직, 그리고 정신에 대해 검증함으로써 자신들이 속한 문화에서 정말로 교회가 직면한 필요와 기회를 섬기고 있는지 확인하기를 바란다.

D. 우리는 모든 교회 개척자들과 신학 교육자들이 그저 교리

---

100 고후 10:4-5.

적 진술이 아니라 실제로, 성경을 동반자 협력의 중심에 두게 되기를 소원한다. 복음 전도자들은 성경을 그들이 전하는 메시지의 내용과 권위의 최고 원천으로 사용해야 한다. 신학 교육자들은 성경 연구가 다시 중심에 자리 잡고 기독교 신학의 핵심 훈련이 되게 하며, 그것이 다른 모든 분야의 연구와 적용을 통합하며 각 분야에 스며들게 해야 한다. 무엇보다도 신학 교육은 목회자-교사들을 구비시켜 성경을 전하고 가르치는 주된 책임을 감당하게 해야만 한다.[101]

---

101 딤후 2:2, 4:1-2; 딤전 3:2, 4:11-14; 딛 1:9, 2:1.